巻頭言──何より子ども一人ひとりのための教

　戦前の軍国主義教育への痛切な反省から、戦後の教育はスタートしました。教育勅語を否定した新しい教育の理念は、日本国憲法にあり、1947年制定の教育基本法にありました。一人ひとりの人格の完成をめざし、日本国憲法の理想を実現する主権者を育てることが、教育の目標とされました。

　現在、私たちをとりまく政治や社会の状況はどうでしょうか。森友学園や加計学園の問題、自衛隊の日報問題、財務省や外務省でのセクハラ事件、名古屋市や足立区での教育への政治介入の問題、神戸市教委のいじめ隠蔽問題、日大アメフト事件とそれに続くアマチュアスポーツ界でのパワハラ事件など、政治や教育の劣化、権力者への過度の忖度や組織防衛意識がみえてきます。

　一方、2018年度から小学校では「特別の教科　道徳」がスタートしました。今年の夏には2019年度からはじまる中学校道徳の教科書採択も行われました。前述したように、さまざまな問題を起こしてしまった大人の社会が、検定教科書を使用する教科としての道徳を通じて、どのような子どもの成長をめざすのでしょうか。

　さらに第4次安倍改造内閣の柴山昌彦文科大臣は、就任直後の記者会見で教育勅語を容認する発言をしました。憲法違反との批判を受け発言を修正しましたが、柴山大臣に限らず政権内にはそうした考えが根強くあるようです。この人たちに道徳教育をまかせて大丈夫なのかと思わざるを得ません。

　目を外に向ければ、2018年4月、朝鮮半島では南北首脳会談が行われ、6月には米朝首脳会談が行われました。東アジアだけでなく世界の平和と安定にとって大きな前進がありました。今後も多国間での継続的な話し合いが必要です。この課程で、歴史的な経緯も含め、隣国である日本の果たすべき役割は大きなものがあったはずですが、残念ながら日本はその責任を果たすことができませんでした。そこには、歴史認識の問題や偏狭なナショナリズムの横行、対話姿勢の欠如などがあったのではない

　こうした現状は、教育力の後退がその一因ではないでしょうか。よりよい社会、民主的な社会をつくるのは、結局は「人」であり、この「人」を育むものが、まさに教育なのです。

　今号では、安倍政権の教育再生という政策下での教育・教科書について、「転換期の教科書」と題した特集を組みました。中学校道徳教科書の検定結果と新規参入した日本教科書の問題点、検定制度の改変やデジタル教科書の現状、採択制度や教科書価格の問題などを取り上げ、さらには韓国の教科書制度も紹介します。

　また、今回の学習指導要領改訂を2006年に改悪された教育基本法のもとでの本格的な改訂ととらえ、第2の特集として高等学校学習指導要領改訂の概要と問題点を取り上げました。

　検定・採択・価格の問題については、これまで発行者サイドや市民レベルでの見方・考え方を述べてきましたが、文部科学省側の見方・考え方の一端を元文部科学事務次官の前川喜平氏へのインタビューを通じて報告します。

　例年同様、2017年度の中学校道徳教科書の検定内容と2018年度の小学校・高等学校の採択結果も掲載しました。一方、近年とみに話題となっている「重すぎる教科書」というテーマは、次号以降の課題として残りました。

　本誌は、教育や教科書の課題、多くの人の目に触れにくい教科書検定や教科書採択の問題などを報告し、どう改善すべきかを訴えてきました。人間らしく働き、生活することができる、個人の人権が尊重され、言論・出版・表現の自由が守られる平和な社会の構築と、子ども一人ひとりの権利の促進に貢献する教育をめざしましょう。そのための教科書はどうあるべきかを議論しましょう。

　子どもたちの健やかな成長にふさわしい教育・教科書をめざし、各地で民主的な運動が繰り広げられています。そうしたとりくみに、本誌が少しでも貢献できれば幸いです。ぜひ活用していただきたいと思います。

特集1

転換期の教科書

1 ▶ 検定結果

①中学校道徳教科書の内容を検討する
─検定意見の問題と検定意見のないことの問題─

はじめに

　2017年度、前年の小学校「特別の教科 道徳」（以下「道徳」）の教科書検定（小学校用）に続いて、中学校道徳教科書の検定が行われた。

　「道徳」の教科書検定の問題点については、本誌前号（2017年版）p.7 〜 p.12で述べたので、ご参照いただきたい。要点だけ押さえておくと、①検定意見の根拠となる学問的根拠や知見がないため、担当する教科書調査官や教科用図書検定調査審議会（以下「検定審」）委員の主観に委ねられる、②その結果として、検定意見はひたすら学習指導要領とその解説および検定基準への準拠を求めるほかないということであった。

　小学校道徳教科書検定では、はたしてこれが現実となり、一つの抽象的な検定意見で全巻の見直しを迫って「パンやさん」が「おかしやさん」（多くの報道で「和菓子屋」とされるが、教科書では「おかしやさん」。そこで和菓子を売っているという設定）に書き換えられるなどの事例が発生した。

　これに加えて目立ったのが「自粛と萎縮」で、文部科学省および旧文部省の道徳読み物などからの転載が各社で目立ち、各社に多くの題材が共通して掲載されるという事態が起こった。

　結論を先取りして言えば、この傾向は中学校でも同様だったと言える。ただ、小学校の道徳教科書検定で教訓を学び、同じ轍は踏まなかった──

1社を除いて──とも言える。

　以下で具体的に見ていくが、紙幅の都合上、問題点のすべてを取り上げたわけではない。たとえばジェンダーや性的またはエスニック・マイノリティなどは取り上げていない。だからといって、軽視しているわけではない。

検定全体の特徴

（1）申請者は小学校と同じく8社

　検定申請を行ったのは、数の上では小学校と同数の8社8種だった（表1）。ただし、小学校専業の光文書院は検定申請しなかった。新規参入したのは、新たに設立された日本教科書（略称「日科」）である。これがどのような教科書会社なのかについては後述する。なお、文科省のウェブサイトで検定意見一覧は公開しているものの発行者名は示していないので、受理番号を示しておいた。

　判型を見ると、他教科と共通する傾向ではあるが、大判化が目立つ。B5判（257mm × 182mm）が4社と最多ではあるものの、AB判（257mm × 210mm。タテがB5判と同じ、ヨコがA4判と同じ）も3社となっている。中でも学研はA4（297 mm × 210mm）でひときわ大きくなっている。子どもたちの負担は、内容以前に重量という形でのしかかってくることになることはまちがいない。

　分冊が6となっているのは別冊があるもので、

特集1 転換期の教科書

表1　中学校道徳教科書の検定申請者

申請者名（略称）	受理番号	判型	頁数	分冊	検定意見数
日本教科書（日科）	29-61	B5	588	3	67
光村図書出版（光村）	29-62	B5	704	3	4
学研教育みらい（学研）	29-63	A4	560	3	34
廣済堂あかつき（あかつき）	29-64	AB	732	6	10
日本文教出版（日文）	29-65	B5	732	6	4
東京書籍（東書）	29-66	AB	586	3	19
教育出版（教出）	29-67	B5	574	3	18
学校図書（学図）	29-68	AB	688	3	28
計		—	—	30	184

本文内容の定着などを問う、副教材的な位置づけである。これももちろん検定の対象である。

（2）「自粛と萎縮」の継続

　表1のとおり、検定意見数は初参入の日科を除いて少なかった。全8社で184か所、1社あたり平均は23.0か所となるが、日科を除けば16.7か所で、昨年の小学校（8社で244か所、1社平均30.5か所）からほぼ半減した。小学校の検定で多くつけられた意見は「特定の企業の宣伝になる恐れがある」というもので、これは題材の出典に作者・書名（または作品名）に加えて版元の名称を記載したためであったが、一昨年検定を経験した7社では同じ轍を踏まなかった。これが検定意見数減少の大きな要因であると言える。

　「全巻にわたって学習指導要領に示す内容に照らして不適切」という検定意見は8社合計で7件と、小学校の同43件から大きく減った。これは、

2度目の検定で「勘所」の押さえ方がわかったからと考えられる。いずれにしても一昨年の「教訓」から学んだ結果だと言えよう。

　今回目立ったのが「不正確である」「生徒が誤解する恐れのある表現である」というもので、検定は細かい点は見逃さなかったと言える。これは題材の作品解釈などの価値判断には踏み込まなかったということでもあり、その点だけ見れば抑制的な検定だったと言えないわけではないが、それは表2に見るように、各社とも検定意見がつかないと考えた文部科学省（および旧文部省）作成教材から転載した題材が多かった（全12題材中9題材）ことも大きかったのではないか。それはそれで「自粛と萎縮」が継続したということでもあるだろう。

（3）学習指導要領に起因する問題

　上述のように検定意見数は減少したし、その内容も一見抑制的であった。したがって、検定意見だけに着目していては、中学校道徳教科書の問題点の全体像は見えてこないことになる。学習指導要領自体に起因する問題が見落とされることになるからである。そこで次に検定意見の有無にかかわらない、より基本的な問題ではどうだったのか、見ていくことにする。

　中学校学習指導要領は、小学校同様「A　主と

表2　5社以上に共通して掲載されている題材　①～③：掲載学年　（1～3は題材名が異なるが内容は同一）

題材名	掲載社数	日科	光村	学研	あかつき	日文	東書	教出	学図	出典
2通の手紙	8	②	③	③	③	③	③	③	②	文科省『私たちの道徳』
足袋の季節	8	②	②	②	②	②	③	③	③	中江由夫作『人生を考えよう』
一冊のノート	6	③							③	文科省『私たちの道徳』
裏庭でのできごと	6		①	①	①	①		①		文科省『中学校読み物資料とその利用』
言葉の向こうに	6	②	①		③			③		文科省『中学校道徳読み物資料集』
六千人の命のビザ	6	3		3		3	②	②	2	杉原幸子著　同名書
海と空 –樫野の人々–	5	③		1				②		文科省『中学校道徳読み物資料集』
銀色のシャープペンシル	5	①		①		①			①	文科省『道徳教育推進指導資料3』
卒業文集最後の二行	5			③	③	③		③	①	文科省『私たちの道徳』
ネット将棋	5	②		①	①	②			②	文科省『中学校道徳読み物資料集』
旗	5			①					①	杉みき子『小さな街の風景』より
二人の弟子	5	③		③	③	③			③	文科省『中学校道徳読み物資料集』

（子どもと教科書全国ネット21作成）

して自分自身に関すること」「B　主として人との関わりに関すること」「C　主として集団や社会との関わりに関すること」「D　主として生命や自然、崇高なものとの関わりに関すること」の4つの「視点」から成り、そのそれぞれに「内容項目」が配置されている。項目数はA＝5、B＝4、C＝9、D＝4の計22項目である。それらは「徳目」としか言いようのないものだが、それらを可視化・具体化するのが検定教科書に与えられた「使命」である。

道徳の教科書検定基準は、次のように学習指導要領との関係の明示を義務づけている。

図書の主たる記述と小学校学習指導要領第3章の第2「内容」及び中学校学習指導要領第3章の第2「内容」に示す項目との関係が明示されており、その関係は適切であること。（「2　選択・扱い及び構成・配列」の（4））

このような規定は「道徳科」だけに置かれており、ことさら教科書記述を統制するしくみとなっている。そのため、小学校教科書も同様だが、各社とも目次はもとより、各題材に学習指導要領の該当項目を明示しており、それは執拗とも言えるほどである。

このような制約条件によって、第一に教科書は文部科学省＝国家が定めた「徳目」を可視化・具体化するための「主たる教材」であり、第二にどの教科書も「似たりよったり」になるのは、避けがたい。それらについて次に検討してみよう。

① 各社が同じ題材を掲載

「特別の教科　道徳」の検定基準の「基本的条件」には「小学校学習指導要領第3章の第3『指導計画の作成と内容の取扱い』の3の（1）及び中学校学習指導要領第3章の第3『指導計画の作成と内容の取扱い』の3の（1）に示す題材の全てを教材として取り上げていること」とあり、学習指導要領には「特に、生命の尊厳、社会参画、自然、伝統と文化、先人の伝記、スポーツ、情報化への対応等の現代的な課題など」が例示されている。つまりこれらは「全て」取り上げねばならない。このため、各社が同じような題材を掲載することが制度的に誘導されているのである。

しかしそれにしても各社共通に掲載した題材が多い。前述のように（表2参照）、8社中過半数の5社が共通して採用した題材が12もある。独自の題材開発を怠ったと批判されてもやむをえないレベルである。紙幅の都合で本稿には掲載していないが、4社以上共通が3題材、3社以上共通は10題材にも上り、それらにも文科省および旧文部省作成教材からの転載が5題材ある。つまり3社以上に対象を拡大すれば、実に25もの共通題材が掲載され、そのうち14題材は文科省および旧文部省作成教材からの転載である。「文科省作成教材であれば、学習指導要領との関係は問題ない」との判断に基づくと考えられる。

全社が取り上げた「二通の手紙」は、小学校教科書でも採用されている。閉園間際の動物園に幼い姉弟が来園し、担当職員は入園を許可するが、この姉弟が行方不明になって大騒ぎとなり、担当職員が処分される（原作では「解雇」）という話である。「二通の手紙」とは処分を知らせる手紙と、姉弟の母親からの感謝状である。結局この職員は自ら退職するのだが、労働組合の立場からすれば不当処分としか言いようのない話である。作者は白木みどり・金沢工業大学教授で、日科の監修者である（実は廣済堂あかつきの著者でもある。詳細は別稿p.11を参照）。

② 「国定善」の押しつけ

「国定」価値観の押しつけの第一は、「法やきまりを守ること」である。学習指導要領解説は、「法やきまりを守る」ことの「意義」をこう述べる。

指導に当たっては、まず法やきまりは自分自身や他者の生活や権利を守るためにあり、それを遵守することの大切さについての自覚を促すことが求められる。自他の権利を大切にし、義務を果たすことで、互いの自由意思が尊重され、結果として規律ある安定した社会が実現することを理解した上で、社会の秩序と規律を自ら高めていこうとする意欲を育て、日々の実践に結び付ける指導が重要である。（指導要領解説p.45）

この記述は「法の遵守」だけを「よいこと」として述べ、法の改変可能性には言及しない。言い換えれば「法治主義」の一面だけを述べ、「法の

特集1 転換期の教科書

支配」の思想には触れない。いわば「国定善」の押しつけである。

中学生の身近な問題に引きつけて言えば、理不尽な校則でも「きまり」として守ることが「正義」であり、それを批判したり、変更するために声を上げたりすることは「社会の秩序と規律を自ら高めていこうとする意欲」に欠ける行為ということになりかねない。ましてここから「立憲主義」の理解には決してたどり着かないだろう。

公正のために付言すれば、確かに学習指導要領解説は「法やきまりについては、その遵守とともに、一人一人が当事者として関心をもつことが大切であり、適正な手続を経てこれらを変えることも含め、その在り方について考えることが必要である」（同 p.44）とする。しかし「法やきまり」の語が解説で全30回出現するうち、それらの変更可能性への言及はこれだけで、明らかに「付け足し」である。

学習指導要領解説の前出の記述に基づき、各社の題材には「法やきまりを守ること」を主題としたものが横溢することになった（とはいえ、そうした題材だけが掲載されているわけではないという事実は、著者と編集者の努力として評価されるべきである）。

「国定」価値観の押しつけの第二は、「日本の伝統」「日本（人）のよさ」の押しつけである。こうした題材は各社にあるが、日科において特に顕著であるので、同社の「プラットホームでのできごと」（3年）を例示しておこう。

これは、2013年、埼玉県の南浦和駅で、電車とプラットホームの間に挟まれた乗客を大勢で助けたという話である。その「素晴らしさ」を、イタリア人などの外国人が評価し、「日本人はすごい」という評価に誘導する。「日本人の素晴らしさ」をなぜ外国人に評価してもらわねばならないのか。ナショナリズムを「拝外」主義で裏づけようとするものである。ちなみに育鵬社『はじめての道徳教科書』所収の「朝のプラットホーム」からの転載（一部改作）である。

ところで、2001年に東京の新大久保駅で、線路に落ちた日本人を韓国人留学生と日本人が救助しようとして死亡した事件があった。人を助けようとする気持ちに国籍は関係ない。そもそもホームゲートがあればこうした事故は起こらなかったわけだが、日科の教科書は、そのことには触れない。

③　労働者の権利には触れない

労働者を取り上げた題材もいくつかあるが、それらはいずれもひたすら心を込めて働いて世のため人のために貢献するという話である。たとえば「世界一清潔といわれる」羽田空港の清掃労働者、また新幹線の東京駅ホームで車内清掃に携わる労働者などである。登場人物は明らかに低賃金労働者である。しかしこれらの題材は、彼らの経済的状況や権利（あるいは無権利）には決して言及しない。「素直な心になりましょう。素直な心はあなたを強く正しく聡明にいたします」という松下幸之助の言葉を想起させる。このような考え方からすれば、経営者の考え方に疑問を持ち、労働組合に加入して権利を主張し、待遇改善を要求することは「素直な心」とは言えないはずである。誰にとって都合のよい価値観であるかは多言を要しないだろう。

②で述べた「法やきまりを守ること」は求めてもその変更可能性には触れないことが、ここに反映されている。これではブラック企業の違法な就業規則でも守れということにつながりかねないのではないか。「道徳だからしかたがない」ということにはならない。「法やきまりを守ること」は、まず経営者が労働基準法を守ることであって、労働者の心の中の問題ではない。

④　「がんばり」の称賛＝不成功は自己責任

スポーツに関する題材が、がんばって成功した話として各社に登場する。努力による成功の賛美である。登場するのは松井秀喜、イチローといった選手たちである。しかしスポーツにおける成功者は、圧倒的に少数である。少数の成功例を持ち出すことによって導き出される結論は、成功しないのは努力が足りないということではないのか。裏返せば通常は不成功ということで、それを「自己責任」として受け入れさせることにつながる。それはまた前項とも密接な関係があるだろう。不

教科書レポート 2018 ─ No.61 ─

都合なことは「自己責任」に帰そうとする新自由主義にもつながる考え方である。

（4）学習指導要領が禁じたはずの点数評価

5社で実質的な点数評価を行うページが置かれている。掲載箇所は各学年の巻末が多いものの、学期末、さらには単元ごととというものもある。点数評価には、どれにも検定意見はつけられていない。文部科学省は、学習指導要領で点数での教師による成績評価はしないとした。

> 5　生徒の学習状況や道徳性に係る成長の様子を継続的に把握して指導に生かすよう努める必要がある。ただし、数値などによる評価は行わないものとする。（「第3　指導計画の作成と内容の取扱い」の4）

にもかかわらず、なぜ教科書に実質的な点数評価が掲載されたのか。実は学習指導要領解説は「自己評価」はむしろ奨励し、「ア　観察」「イ　面接」「ウ　質問紙など」「エ　作文やノートなど」と具体的な方法まで例示しているのである。教師でなく生徒が行うなら、点数評価も可ということである。

しかし、中には切り取り線をつけ、ミシン目も入れて切り離せるようになっている教科書もあった。教師に提出することを想定していると思われるが、これでは結局、教師による点数評価が可能なのではないか。

（5）「明白な誤記、誤植又は脱字」

検定基準「3　正確性及び表記・表現」の「（2）図書の内容に、客観的に明白な誤記、誤植又は脱字がないこと」について、文科省は「ホームページで公開」して自戒を促すことにしている。これ

表3「客観的に明白な誤記、誤植又は脱字」

申請者名（略称）	検定意見数
日本教科書（日科）	15
学研教育みらい（学研）	6
学校図書（学図）	5
廣済堂あかつき（あかつき）	1
日本文教出版（日文）	1
東京書籍（東書）	1
教育出版（教出）	0
光村図書出版（光村）	0

については表3に示したが、日本教科書が最多であった。

高校教科書への検定

高校教科書への検定について、ごく簡単に述べておきたい。今回は選択科目と専門教科・科目が検定対象だったこともあり、検定意見は少なかった。その中で目立つのは「誤りである」「不正確である」などだった。1つの意見で1冊全体を対象範囲とするものとしては、美術Ⅲで「学習指導要領の内容に示す事項を取り上げていない。（A表現（1）の彫刻）」としたものが1件あった。

おわりに

以上、中学校道徳教科書を中心にみてきたが、去年の小学校と同様に、「自粛と萎縮」または「無難志向」がキーワードだったと言わざるをえない。各社が同じ題材を掲載したこと、しかもそれらは文部科学省（旧文部省含む）著作物からの転載が目立つことに端的に表れていると言える。これを発行者の責任だけに帰することはできないだろう。それだけ学習指導要領と検定の縛りがきついという予想を各社が立てていたことがうかがえる。小学校に続いて初めての中学校道徳なので、争点になるような題材は避けたかったのだろう。

しかし「自粛と萎縮」＝「無難志向」の背景はそれだけではない。それは「公認」の道徳教育研究組織において、保守派や右派といわれる人々が主導権を握ってきたという事実である。

ここで「公認の」というのは、研究大会の後援などに文部科学省や教育委員会が名を連ねるような組織のことである。それらの研究組織の幹部や大会の報告者等には、道徳教科書の著者になっている人物が少なくない。各社とも、こうした人物を副教材著者に起用していたこともあり、教科書著者にもなってもらったということだろう。

そうである以上、民主的な立場で道徳教育の研究を進める広範な人々が、このような実態を大きく変える必要があるだろう。ほとんどの編集者や営業担当者は、「良心的な教科書＝売れる教科書」であることを望んでいるはずである。

②日本教科書の道徳──何が問題なのか？
その内容と「背後関係」を探る

なぜ育鵬社ではなかったのか

　日本教科書株式会社（略称：日科）は、中学校道徳教科書に初参入した教科書発行者で、「日本教育再生機構」（以下「再生機構」）理事長・八木秀次氏が初代代表取締役となって設立した会社である。本誌読者はすでにご存知のことだろうが、念のため記しておくと「再生機構」は、「新しい歴史教科書をつくる会」から分裂したグループで、育鵬社中学校歴史・公民教科書を実質的に作成した組織で、八木氏が理事長である。

　育鵬社は『13歳からの道徳教科書』（2012年）、『はじめての道徳教科書』（2013年）、『学校で学びたい日本の偉人』（2014年）を発行し、これらを「道徳教科書のパイロット版」と位置づけていた。こうした書籍を発行して販売実績を上げて彼らの考える「世論」を盛り上げて教科書を発行し、合格させて採択キャンペーンにつなげるというのが、「つくる会」創設以来の「伝統的」戦略である。

　この経過からすれば、「再生機構」は育鵬社から道徳教科書を発行するつもりだったはずである。にもかかわらず新会社を設立することになったのは、八木氏自身によれば「道徳の教科書作成は以前に他の会社と計画していたが、途中で頓挫したため、賛同者から出資を募って会社を設立した」（朝日新聞、2018年3月28日付）からだという。つまり採算が取れそうにないため、育鵬社から断られたということだろう。道徳教科書の発行を請け負ってくれることを期待していたであろう「再生機構」とすれば、裏切られたという思いなのではないか。

　育鵬社や「日本教育再生機構」をはじめとする支援勢力は、前回の採択で7万部強と採択部数を伸ばしたことを「躍進」と喜んだ。確かに軽視できない部数ではあるが、しかしこの数字は、文部科学省（以下「文科省」）が義務教育教科書の採算点であるとする10万部には届いていない。つまり赤字であると推測される。

　そうだとすれば、扶桑社の教科書部門を教科書専業出版社として分社し発足した育鵬社にとっては、歴史および公民教科書が多年にわたって赤字を出し続けていることになり、社の存続にかかわる大問題であることになる。同社の経営判断としては、採算が取れるかどうかきわめて不明瞭な、というよりは赤字になることが確実な道徳教科書に参入することは、そもそもできない相談だったはずである。

　小学校道徳教科書のパイロット版『はじめての道徳教科書』、同じく中学校パイロット版という位置づけの『13歳からの道徳教科書』は育鵬社から出版されている。これらの執筆者は「道徳教育をすすめる有識者の会」名義で、八木氏の名前はクレジットされていないものの、八木氏が言う「途中で頓挫した」というのは、育鵬社から断られたことだとすると説明がつく。

日科設立以来の経過

　育鵬社から中学校道徳教科書を発行する計画が「途中で頓挫した」八木氏と「再生機構」が打った手は、自ら教科書会社を立ち上げることだった。2016年4月、八木氏自身が代表取締役に就任して発足した「日本教科書株式会社」の所在地とし

晋遊舎に同居する日本教科書（入居するビルのプレート）

て同年5月10日に法人登記されたのは「再生機構」の事務所である東京都渋谷区のマンションの一室だった。

登記簿によれば、検定申請後の2017年5月8日に東京都千代田区に移転している。この移転先は晋遊舎が入居しているビル（9階建てで、2階から7階まで晋遊舎が入居。前ページの写真参照）の5階だった。

晋遊舎は『マンガ嫌韓流』シリーズをはじめとする、いわゆるヘイト本で有名な出版社だ。道徳の教科書を出そうという日科が、ヘイト本出版社と同居しているわけである。晋遊舎は、日科と資本関係はない、連結決算の対象でもないと述べているが、2017年9月1日に代表取締役を退任した八木氏の後任は武田義輝・同社代表取締役会長である。

現在の社長は、3代目となる上間淳一氏で、出版の取次会社最大手である日販の元役員である。同氏が社長になった理由は、教科書供給実務の経験を買ったことと「色」のついていない人物を配置したということなのだろうと思われる。

「教科書」という土俵で語れない日科教科書

このような背景を持つ日科の教科書を、他の7社と同じ「教科書」という土俵で語るわけにはいかない。営利企業である教科書発行者にとって、教科書は「商品」で、それを多く売ること、つまり採択を取ることは最優先事項である。民間の営利企業である出版社が教科書を発行する以上、それは当然である。しかし教科書を発行する以上、商品とはいえ、憲法で保障された諸価値、とりわけ表現の自由や出版の自由、学問・良心の自由が業務の基盤に存在する。だから何とかして、市場のニーズ＝よい教科書をつくってほしいという教育現場の願いに応えようとするのである。

他方、自由社＝「新しい歴史教科書をつくる会」、育鵬社＝「日本教育再生機構」、さらに明成社＝「日本会議」にとっては、そうではない。彼らにとっての教科書とは、日本国憲法とは相容れない歴史修正主義や復古主義の思想を宣伝し、子どもたちに押しつける手段にほかならない。日科の教科書は、この3社の教科書と同様の思想と方針に基づいたものであり、したがって日科の教科書を他の7社と同じ土俵で語ることはできないと言うべきだろう。

日科教科書の特徴と問題点

次に日科教科書の特徴はどのようなものなのか見ておこう。

第一に目につくのは、題材内容の評価以前に、教科書としての質の低さだ。それは目次で構成を見れば一目瞭然である。道徳の学習指導要領の内容の4つの「視点」、すなわち「A　主として自分自身に関すること」「B　主として人とのかかわりに関すること」「C　主として集団や社会とのかかわりに関すること」「D　主として生命や自然、崇高なものとのかかわりに関すること」の順序どおりの4章立てである。教科書のとおりに授業を進めれば、1学期はAばかり、3学期はDばかり、といった状況が生じかねない。日科もこれでは採択の際に調査研究の段階で「使いにくい」と評価されて不利になりそうだと気づいたのか、ウェブサイトの教科書の説明では「教科書の掲載している順番に縛られることなく、自由に教材を活用してください」と述べている。だが、これでは使いにくいと自ら宣伝しているようなものである。

第二に、「売り」にしている「豊富なオリジナル題材」（日科ウェブサイト）の偏りである。「偉人」には吉田松陰、上杉鷹山など、戦前の「修身」に取り上げられ、現在では右派が好んで賛美するような人物が多いのだ。それらの人物の取り上げ方は、日科の立場＝右派の視点からの「美談」仕立てになっている。とても歴史学の検証に耐えうるものではない。そしてまた、そうしたストーリーをつくり上げるために、話の展開はいかにも不自然なのも特徴である。「考え、議論する道徳」をめざすとする学習指導要領の方針とも相容れない。こうした「偉人」の「業績」を讃美し、彼らに学べという結論が、はじめから与えられているからである。

第三に、歪んだ歴史認識に基づく題材を多数掲

特集1 転換期の教科書

載している。陸奥宗光をはじめ、戦争責任や植民地支配の事実を無視した、人物美化が目立つ。前項とも関係するが、たとえば台湾にダムをつくって台湾の人びとに尊敬されていると日科が評価する八田與一を取り上げた題材などはその典型と言うべきだろう。

第四に、検定規則が公正に適用されたのか疑わしいと言わざるをえないことである。たとえば2年の題材「白菊」で、安倍首相が2016年にパールハーバーで行った演説の抜粋を掲載している。これは教科書検定基準で禁じられている「特定の個人や団体の宣伝」にあたるのではないか。該当箇所は次のとおりである（「義務教育諸学校教科用図書検定基準」第2章　教科共通の条件　2　選択・扱い及び構成・排列）。

（政治・宗教の扱い）
（4）政治や宗教の扱いは、教育基本法第14条（政治教育）及び第15条（宗教教育）の規定に照らして適切かつ公正であり、特定の政党や宗派又はその主義や信条に偏っていたり、それらを非難していたりするところはないこと。

この基準に照らせば、「白菊」は「不適切」として当然に検定意見がつき、差し替えられるところだろう。しかしこのような題材を取り上げたことに対して、検定意見はつけられなかった。政権への露骨な讃美であり、日科とその著作者たちの政治的出自を問わず語りにする「白菊」に検定意見がつけられなかった事実は、道徳への教科書検定の本質を浮き彫りにしている。

教科書検定制度に大きな問題があるとはいえ、ともかく存在するからには、公正に適用されなければならないのは当然だ。またこの検定基準や教科書検定があろうとなかろうと、露骨に現政権に媚びるかのような題材を教科書に掲載することが、教育条理に照らして適切ではないのも、当然と言うべきものである。

日科教科書採択の困難さ

以上に見たような内容の教科書を教育委員会が他の教科書と比較考量のうえ、自ら採択するのは、いかに現在の教科書採択制度に問題があるとはい

え、困難であるのは明白だった。しかも「悪条件」が少なくとも二つあった。

第一は、文部科学省が、最終的に教科書採択を決定するのは教育委員であるとしつつも「教科書の調査の充実」を求めていることである（もとよりわれわれとして、その内容のすべてに賛同しているわけではない）。したがって、教育委員といえども自分の好みだけで採択を決定するわけには、少なくとも建前上は、できない。調査研究委員会や選定審議会の段階で評価が低ければ、あえてそのような教科書を採択するのは困難だったと言えるだろう。

まして1年前には、小学校道徳教科書では、「パン屋」の「おかし屋」への書き換えでマスメディアの大きな関心を引き、批判を浴びたのである。それに続く中学校道徳教科書の検定も、メディアは大きく取り上げた。その採択に対しても、社会的関心は否応なく高まらざるをえず、教育委員会としては、日科を採択すれば、説明責任を求められるため、審議のプロセスは慎重にならざるをえなかったはずである。

第二に、日科の営業体制がきわめて弱かったことである。これには二つの側面がある。一つは急ごしらえで立ち上げた日科にとっては、検定申請を行うのがやっとで、他社のような全国展開できる営業体制を準備することはできなかったことだ。もう一つは「白表紙本問題」（詳細は本誌2016年版、2017年版参照）で、他社同様、行動が制限されたことである。日科は教科書協会准会員であるので、採択活動にあたっては協会が制定した「教科書発行者行動規範」に従う義務を負うことになったのである。

外部からの力で採択させようとする策動

以上のような実態に鑑みれば、日科の教科書を採択させる手法は、外部から政治的に介入を行わせることで、またそれ以外に採択を成功させる戦術がないことは明らかだった。

日本教科書が実際にそうした策動を行っていたことが、大阪府の市民グループの情報開示請求で開示されたのが次ページの「御案内」である。こ

教科書レポート 2018 ― No.61 ―

れは、2018年1月に開かれた「教育再生首長会議」の会合に出席した市長に配付されたものだという。

「御案内」は「市長、教育長、教育委員の皆様に、直接ご説明の機会をおつくりいただきた」いとしている。日本教科書は、「御案内」配付の時点ですでに教科書発行者でつくる教科書協会の准会員であり、したがって協会が「白表紙本問題」の再発防止策として策定した「教科書発行者行動規範」の遵守義務を負っていた。「規範」に違反した場合、制裁措置としては、最悪の場合「除名」するとしている。

「行動規範」には、「市長、教育長、教育委員に直接説明の機会」をつくってはならないと明記されていないのは事実だが、逆にそのような行為を行ってよいとも明記していない。採択関係者に対する「許容される行為」として書かれているのは、既に発行されている教科書内容に対する無償での「意見聴取」であって、検定申請中の教科書内容の「説明」ではない。

そうである以上、これは教科書協会の一員とし

市長各位

日本教科書株式会社
顧問 八木 秀次
代表取締役社長 武田 義輝

御案内

謹啓 時下益々ご清祥のこととお慶び申し上げます。
弊社は来年度から始まる道徳の教科化に伴い、新たに設立した教科書会社です（平成28年4月設立）。道徳の教科化を真に子供たちにとって意義あるものにするためには、「主たる教材」である教科書の内容が充実したものでなければなりません。この戦後はじめての機会に、自分たちで最高の道徳教科書を作り、多くの子供たちに届けたい——こうした強い思いから立ち上げた次第です。
市長が主導をする総合教育会議では教科書採択の方針などについて議論することができるとされています。つきましては、弊社に関する資料を同封致しましたのでぜひご覧ください。
あわせて、市長、教育長、教育委員の皆様に、直接ご説明の機会をおくり頂きたく、ご検討賜りたいと存じております。
ご多用のところ誠に恐縮ですが、何卒宜しくお願い申し上げます。
謹白

て遵守すべき「行動規範」に違反している疑いが強いと言わなければならない。われわれは現状の教科書採択制度も「行動規範」も決して全面的に是認するものではない。しかし、批判があるのであれば、社会に訴えて世論を形成するなど、公正な方法で是正や廃止を行わせるべきであって、隠れて「抜けがけ」して行うものではない。そのような観点から、日本教科書の「御案内」による要請は不当なものと断ずるほかない。

日本会議は動かず、採択は惨敗

本稿執筆時点で中学校道徳教科書の採択はすでに終了している。そのプロセスの本格的な分析は次号に回さざるをえないが、さしあたり特徴的なこととして指摘しておきたいのは、日本会議およびその関連組織の動きがほとんどなかったことである。中学校歴史および公民教科書の採択で行われたような教育委員会への陳情や請願はほぼ皆無であったし、展示会でも日科教科書採択を求める組織的な意見もなかった。

その要因としてまず考えられるのは、第一に、肝心の「再生機構」が活動停止に陥ってしまったことである。すでに機関誌『教育再生』は発行停止してから久しい。事務所の電話もつながらないという。

もう一つの要因として、八木氏が日本教科書を立ち上げてしまったこと自体の問題がある。八木氏は2017年9月末で代表取締役は降りたものの、「御案内」にあるように、引き続き同社「顧問」という立場であった。これではさすがに大っぴらに採択運動の先頭に立つわけにはいかなかっただろう。教科書協会の「教科書発行者行動規範」に直接に違反することになるからである。

こうして日本会議およびその関連組織としては、「音頭取り」の役割を担わなければならないはずの八木氏が動けないという皮肉な状況が生み出され、動くに動けない状況になってしまったと考えられる。

結局、日科の教科書を採択した採択地区は、栃木県大田原地区、石川県加賀市・小松市の3地区にとどまった。以上に述べた事情が複合的に作

用した結果と言えるだろう。ほかに私立校での採択があるとの情報もあるが、いずれにせよ、文字どおりの惨敗である。上記3地区は、いずれも中学校歴史・公民では育鵬社教科書を採択している地区である。内容では完敗し、その分を政治的な力で埋め合わせた採択結果と言わざるをえない。

他社と二股をかけた日科監修者・白木みどり氏

日科教科書をめぐっては、驚くべき行為が行われていたことを、最後に報告しておきたい。それは日科の監修者である白木みどり・金沢工業大学教授が、廣済堂あかつき（あかつき）の著者を兼ねていることである。

これは文部科学省が行った検定公開で公開された「著作編修関係者名簿」で判明した。下の写真は、いずれも検定申請の際に提出した「著作編修関係者名簿」で、左が日科、右があかつきのものである。両社ともに白木氏の名前がクレジットされている。同じ市場で採択を取り合うライバル関係に

ある2社の教科書に同一人物が「著作編修関係者」としてかかわるなど、前代未聞である。義務教育教科書と高校教科書であれば、このようなことはこれまでにもいくつも実例がある。しかし同じ中学校教科書では、通常ありえない。道徳であれ、他教科であれ、これは言ってみれば、一方では「A社がベスト」と言いながら他方では「B社がベスト」と宣伝しているようなものである。これが果たして道徳的なのか、改めて何か言うほどのことさえない。

「著作編修関係者名簿」は、検定合格時にも提出する。われわれはその名簿も全社入手したが、あかつきの名簿からは白木氏の名前は非掲載となっている。両社の間で問題になり、削除したことが伺われる。白木氏は小学校道徳ではあかつきの著者なので、その関係もあったかもしれないが、こうした行為は、それこそ「商道徳」違反である。日科の教科書が、このように道徳をわきまえない人々によってつくられたものであることは記憶しておくに値するだろう。

③高校教科書検定——一発合格はあったけれども

今回の高校教科書検定に申請し合格したのは、主に「Ⅲもの」とよばれる高校2・3年生用の教科書である。国語・数学・外国語（英語）・芸術という共通教科とよばれる各科目53点と農業・商業という専門教科とよばれる各科目7点の合計60点（17社）が検定対象となり、不合格はなかった。現行学習指導要領下で2回目となる検定は、全般的には多数の検定意見がつくこともなかったが、以下のように、報告すべき内容がある。

●国語の検定　国語には現代文A、古典A・Bに3社4点の申請があり、意見数は3から50であった。作者や物語の登場人物などの生没年や作品の成立年代について、確定数字には「不正確」と意見がついた。「藤原俊成は90歳…まで生きた」の「90歳」が不正確という指摘である。また、西暦のみだと「誤記（和暦が書かれていない）」とされる。これらは、従来からの指摘であり、編集部が念入りに点検することで回避できるかもしれない。しかし、たとえば古典で「うつくしきもの（『枕草子』第百四十五段）とは『かわいいもの』ということだ。この段には雀の子や幼子のかわいらしい様子の描写がある。昨今の『かわいい』ブームにもつながる感じ方だ」との記述について「生徒にとって理解しがたい表現である（「うつくしきもの」の段と「かわいい」ブームの関係が理解しがたい）との意見がついた。また、同じく古典で「平安時代は一夫多妻の通い婚が基本で、夫は往々にして複数の妻のもとに通い、やがて一人を正妻として自邸に迎えた」との記述について「生徒が誤解するおそれのある表現である（平安時代の婚姻形態について誤解する）」という意見は、注意力では回避できない指摘かもしれない。

●数学の検定　数学の検定対象となったのは、全部数学Ⅲであった。4社14点が申請した。現行学習指導要領2回目ではあるが、「アクティブラーニング」という次期学習指導要領の内容を先取りするものもあった。数学Ⅲでは、2点が検定意見数0であった。いわゆる「一発合格」である。検定意見数が1つというものも2点あり、最も多い意見数でも14であった。検定意見の内容は、単純ミスの指摘が多く、義務教育で頻発した発展的内容であることの明示を求める指摘もあった。

●英語の検定　外国語（英語）には13社がコミュニケーション英語Ⅲ27点と英語表現Ⅱ2点を申請した。意見の数は3から98までの幅があった。英語でも、現行学習指導要領下での改訂でありながら、次期学習指導要領の内容が取り入れられ、「白熱教室」のような話し合いや自己表現を求める活動が盛り込まれた。検定意見の内容は、発音記号やスペルミスの指摘が大半であった。他教科科目同様なのだが、「特定の企業の宣伝」の指摘事項が、ほぼ全白表紙についている。後掲p.57に他教科とまとめて示しておく。「0120-345-6789」という架空の電話番号が「特定企業」の「宣伝」と指摘されるとは、なかなか想定できない。

●芸術の検定　芸術教科は、音楽・美術・書道の各科目で構成される。今回はそれぞれ音楽Ⅲ・美術Ⅲ・書道Ⅲに5社5点が申請した。意見数は1から5であった。音楽Ⅲでは、「歌声合成ソフト初音ミク」を掲げた図版について「生徒が誤解する表現である（図版のキャラクターが歌声合成ソフトであるかのように読みとれる）」との意見がついた。美術Ⅲでは、「図書全体」に「学習指導要領の内容に示す事項を取り上げていない（A表現（1）の彫刻）」との意見がついた。

●農業の検定　農業には「グリーンライフ」が1社1点申請された。120もの検定意見がつき、今回申請された60点中最多である。指摘事項の内容をみると、地理・政治経済・生物・地学・家庭科・歴史など多種多様な観点からの指摘に見える。数学Ⅲの「一発合格」との格差が目立つ。

●商業の検定　商業には「経済活動と法」2社2点、検定意見数は19、11であった。「財務会計」には57の検定意見がついた。「管理会計」1社1点の検定意見数は49であった。「電子商取引」2社2点の検定意見数は、59、28であった。

特集1 **転換期**の教科書

❷ 教科書検定実施細則

その法的性質は、大臣裁定＝「お願い」

白表紙本は「秘密の経典」か

2015年に報道によって明らかになった「白表紙本問題」、すなわち教科書会社が自社の採択を有利にしようと、校長など「採択関係者」に「報酬」を支払って白表紙本を閲覧させていた問題は、教科書業界に激変をもたらした。その経過については本誌2016年版（No.59）所収の特集1「白表紙本問題はなぜ起こったか」をご参照いただきたいが、その後教科書協会は「教科書発行者行動規範」を作成して「コンプライアンス」の徹底を会員各社に要請した。その内容は当然ながら文部科学省も承知している。というよりも同省の指示と承認なしにはつくれなかった。

この「行動規範」によって、教科書会社の営業活動は大幅に制限されることになった（p.17）。それに対する教育委員会などの「過剰反応」というべき対応も頻発しており、それ自体問題ではあるが、ここでは立ち入らない。本稿で取り上げたいのは、「白表紙本」の法的性質である。「白表紙本」、すなわち検定申請本であるが、いまやそれは「行動規範」のいう「著作関係者」（著者・監修者、編集プロダクションなど）以外には絶対に見せてはならないものとされ、いささか誇張していえば「秘密の経典」ででもあるかのような扱いを受けている。

「白表紙本」を「著作関係者」以外に見せたことが発覚し、「静ひつな審査環境」（文部科学省）が確保できなくなったと文科省に判断された場合には、検定が中断されたり、最悪の場合には検定の審査を行うまでもなく不合格とさえされたりすることとなった。

「白表紙本」にそれほどの扱いを行うのであれば、それを正当化する法的根拠があるのではないかと考えるのは当然だろう。だがそのような法的根拠は存在するのだろうか。出版労連では、この間そのことについて調査し、文部科学省にも問い合わせた。以下でそのとりくみを紹介するが、その結論は驚くべきものだった。

「白表紙本」の秘密保持の発端は「つくる会」

そもそも、今日のような「白表紙本」の秘密保持強化の発端はどこにあったのだろうか。過去の経過をご存じない読者も増えていると思われるので、簡潔に振り返っておけば、その発端は「新しい歴史教科書をつくる会」が実質的に作成し、扶桑社が発行を引き受けた中学校歴史・公民教科書（「つくる会」教科書）が2000年度に検定申請したことにさかのぼる。

「つくる会」教科書の検定申請以前にも、「白表紙本」を外部に見せてはいけないというルール自体は存在したものの、実質的には空文化していた。当時は本誌に「検定速報」として「白表紙本」につけられた検定意見を検定合格前に公然と掲載していた。しかしそれに対して文部省（当時）は、本誌がそのような記事を掲載していることは承知していたものの、抗議やクレームなどは一切行っていない。ありていにいえば、文部省は本誌の最も熱心な読者でさえあったのである。

そのような実態になっていたのは、「白表紙本」の内容が外部の知るところになったからといって「静ひつな審査環境」なるものが侵害された事例がなかったからにほかならない。

これが変わる発端は、扶桑社の営業活動である。2000年当時は、上述のような状況であったから、同社も当然のごとく営業担当者は学校に白表紙本を持参し、教員に見せていた。ところがそれがコピーされて出回り、その内容が明らかになって社会的な批判を浴びることになった。これに対して、教科書を発行した扶桑社ではなく「つくる会」が激怒し、自民党に働きかけて「白表紙本」の「守秘義務」を強化させたのである。以来、「つくる会」とそこから派生した「日本教育再生機構」（八木氏のグループ）は、教科書の自由の抑圧によっ

て、自己の教科書の優位を勝ち取ろうとしてきたのである。

2005年の国会質問と初中局長答弁

実は「白表紙本」の秘密厳守を要求したのは「つくる会」や「日本教育再生機構」だけではない。本稿の課題との関係でいえば、こちらのほうがより直接的な要因である。

2003年6月11日、第156通常国会の衆議院文部科学委員会で、社民党の山内恵子委員（当時）は教科書会社から日本図書教材協会（日図協）に検定合格前の「白表紙本」が出回っているとして、文科省に「白表紙本の取り扱いを厳格にせよ」と迫った。これに対して矢野重典文科省初等中等局長（当時）は答弁の最後に次のように述べた。

> なお、この点について誤解のないように一言申し上げておきたいわけでございますが、いわゆる白表紙本というものは、教科書会社の所有に属するものでございまして、本来、教科書会社が、外部に配付することを含めて自由に処分できるものであります。それを外部に出さないということについて、これは文部省^{（ママ）}として、教科書検定の立場から教科書会社に対してお願いをしている、そういう性格のものでございまして、何か法令に基づいて制度上出してはいけないということを要請する、そういう性格のものではないということについては御理解をいただきたく思うわけでございます。

つまり「白表紙本」は教科書会社の所有物なので、どう扱おうと教科書会社の自由である。「制度上外に出してはいけない」とする法令上の根拠はない。文部科学省としては、教科書会社に「御願い」しているだけであるというのである。これは重要な答弁である。なぜなら文部科学省が今もそのような見解に立っているとすれば、「白表紙本」に対する、検定不合格にするほどの厳しい取り扱いの法的根拠に疑義が生じざるをえないからである。

「白表紙本」の取り扱いはいまも「お願い」

そこで出版労連は、2017年12月5日に国際人権活動日本委員会とともに行った文部科学省交渉でこの問題を取り上げ、「お願い」であることはいまも変わっていないのかどうか質問し、次のようなやり取りを行った（文＝文部科学省、出＝出版労連）。

文：（前出の）答弁に変更はない。ただし白表紙本内容の守秘は教科書検定実施細則に記されている。

出：それでは守秘義務が省令で義務づけられているということであり、答弁が変更されたということではないのか？

文：実施細則は省令ではないので、「お願い」していることに変わりはない。実施細則は「大臣裁定」である。

出：実施細則は「お願い」なのか？

文：そのとおりだ。

出：では白表紙本を外部に配付すればペナルティの対象になるというのはおかしいのではないか？

文：たんに外部に配付したり見せたりしただけでペナルティの対象になるわけではない。該当するのは採択されることを期待して、対価を払って採択関係者に見せた場合だ。

出：確認するが、外部に見せただけではペナルティは受けないのだな？

文：そのとおり。

見られるとおり、「白表紙本」への、ペナルティを含むきわめて厳格な取り扱いには、法律上の根拠はなく、「実施細則」に基づいているが、しかしその法的性格は「大臣裁定」で、拘束力のない「御願い」だというのである。しかも「外部に見せただけではペナルティは受けない」とも述べたのである。これが重要な回答であることはいうまでもないだろう。問題は、この文部科学省の考えをわれわれがどう生かすかだ。

特集1 転換期の教科書

3 デジタル教科書

この1年間の動き
——法改正で紙の教科書と合わせて本格導入

小学校教科書にデジタル教科書導入

2020年度から使用開始となる新学習指導要領準拠の最初の小学校教科書から、紙の教科書に加えて「デジタル教科書」が公式に導入されることになった。われわれが検討しなければならない問題は山積している。しかし、デジタル教科書が学校、教科書と授業のあり方に大きな影響を与えることは確実である。

本稿では、デジタル教科書導入に至るまでの経過を簡単に振り返りつつ、そもそもデジタル教科書とは何なのか、また課題は何かなどを検討する。

現行学習指導要領準拠のデジタル教科書（教材）

まずは、現行学習指導要領準拠のデジタル教科書について、整理しておこう。これには、次の2種類がある。それは、「学習者用デジタル教科書」と「指導者用デジタル教科書」である。これらは「教科書」と銘打っているが、法的には「教科用図書」ではなく、あくまで「教材」としての扱いを受けるものである。

①「学習者用デジタル教科書」：生徒が1人1台持つ、タブレット端末やノートパソコンで学習するためのデジタル教科書（教材）である。

②「指導者用デジタル教科書」：教員が電子黒板やデジタルテレビ（タッチパネル機能はない）、プロジェクタ等に投影し、黒板のように使用して、生徒に提示して指導するためのデジタル教科書（教材）である。

①、②ともに、基本的には教科書紙面が画面上に表示され、画面の一部を拡大する、マーカーで線を引く、教科書にはない音声や動画が出る、等の機能があることが多い。

次項以下で検討する、検定教科書と同一の内容であることを求められる、いわば本来のデジタル

教科書と区別するため、文部科学省は現行学習指導要領準拠の「デジタル教科書」を「デジタル教材」と呼ぶことにした。本稿もこの区分に従う。

新学習指導要領のデジタル教科書

次に、新学習指導要領から導入される、紙の検定済教科書と同等の扱いを受けるデジタル教科書について、整理しよう。これは、紙の教科書と法的に同様の扱いを受ける、紙の教科書の内容を電磁的に記録したものである。これは、画面の一部を拡大する機能を搭載したり、紙の教科書に掲載したQRコードやURLのコンテンツも収載可能であったりするが、デジタル教材と異なり、もともと教科書にはない音声や動画は収録できない。また、ハードウェアとして想定されているのは、生徒が1人1台持つタブレット端末である。

デジタル教科書導入のための法整備

2018年に学校教育法が改正され、デジタル教科書がある場合には、教育課程の一部において、紙の教科書とデジタル教科書が併用できることになった。また、視覚障害、発達障害等の事由により紙の教科書での学習が困難な子どもに対し、文字の拡大や音声読み上げ等により、その学習上の困難の程度を低減させる必要がある場合には、すべての教育課程でデジタル教科書の使用が認められるようになった。

前述のとおり、デジタル教材は「教科書」と呼ばれてはいるものの、文部科学省の検定を受けた「教科用図書」ではなく、「教材」である。そこで、新たに導入する「デジタル教科書」を法的に可能にするためには、紙媒体のみを教科用図書と定義している学校教育法第34条の改正が必要であったため、2018年の第196通常国会で、同法が改正されたのである。

教科書レポート 2018 — No.61 —

15

同条は小学校での「文部科学大臣の検定を経た教科用図書」の使用を義務づけ、他の条文で中学校など他の義務教育諸学校および高等学校に準用している。いわゆる教科書使用義務である。教科用「図書」とあるとおり、想定されていたのは紙の教科書だけであったが、この改正で、デジタル教科書も「教科用図書」に含まれることとなった。これに関連して著作権法も改正されて、第33条で教科用図書に適用されている著作者の権利制限規定（著作者に通知し、文化庁が定めた補償金を著作者に支払えば教科書への掲載が可能で、翻案、編曲等もできる）が、デジタル教科書にも適用されることになった。ちなみに、デジタル教材には著作権法第33条は適用されないので、これまでも紙の教科書に掲載された著作物は「二次使用」として教科書とは別に著作権料の支払いが発生したり、著作者から使用を拒否されたりする場合もあった。

なお、デジタル教科書は紙の教科書と同じなのだから、改めて検定の必要はない、同一性は教科書発行者の責任で確保せよということになり、教科書ではあるものの、検定は行われないこととなった。裏を返せば、紙の教科書にはない音声や動画を収録するなど、内容に同一性がない場合、それはデジタル教科書ではなく、デジタル教材となり、教科書としての扱いを受けられなくなるということである。

デジタル教科書導入で何が起きるか

2020年度から使用されるデジタル教科書だが、それには以下の問題がある。

第一に、デジタル教科書の教育的効果についての検証はまともになされているのかという疑問がある。日本デジタル教科書学会が2012年に立ち上げられているが、この会の方針は「デジタル教科書・教材をどう捉え、どのように推進すれば良いか」（同学会HP）であって、デジタル教科書の導入の是非について中立的な研究を行っているわけではない。一方で、教育関係の学会や民間教育団体ではデジタル教科書の研究はほとんど行われていない。学術的・臨床的な検証がきちんと行

われたのか、疑問を呈さざるをえない。保護者にいたっては、デジタル教科書とは何かについてさえほとんど知られていないだろう。教育的知見に基づく要求ではなく、「学校のICT環境化」をビジネスチャンスと目論むICT関連企業の影も見え隠れする。

ただし、メリットもあることは公平に記しておきたい。たとえば障害を持った子どもたちにとっては、紙の拡大教科書では享受できないメリットがありうるだろう。ディスレクシアなど、紙の教科書の文字と図版では学習が困難な子どもに「福音」となる可能性もある。

第二に、教科書発行者にとっての問題である。デジタル教科書の発行は「義務」ではない。作らなくてもよいが、それでは採択で不利になるのは明らかだ。したがって、各社ともデジタル教科書を作成することは容易に予測できる。しかし、デジタル教科書の作成にはかなりのコストがかかる。小規模の発行者がデジタル教科書を発行できないような事態が起これば、採択を通じて教科書の淘汰、つまり多様性の喪失につながりかねない。

第三に、インフラ整備の問題がある。文部科学省「平成28年度　学校における教育の情報化の実態等に関する調査結果（概要）」（2018年2月発表）によれば、普通教室の無線LAN整備率は、2017年3月1日現在で全国平均が29.6%で、前年比で増加率はわずか3.5ポイント、超高速インターネット（100Mbps以上）接続率も、全国平均は48.3%（同9.9ポイント増）である。地域差も依然大きい。端末のバッテリー容量など、他の指標も同様の懸念を持たせる項目が少なくない。そもそも学校のICT支援員が不足している今、早急にデジタル教科書を導入しても、現場ではトラブルが続出する恐れがある。

また、タブレット端末購入については、国が全額負担せず、地方自治体に負担させようとしている。これでは新たな経済格差が生じることになりかねない。

デジタル教科書導入自体は不可避の流れであるにせよ、拙速はさけ、もう一度慎重に考えるべき課題は多い。

特集1 転換期の教科書

4 ▶ 採択をめぐる問題

①「教科書発行者行動規範」発表後の
教科書採択――この一年の「過剰反応」問題

はじめに

　先々号から2号にわたって、教科書白表紙本の事前閲覧およびそれに伴う謝礼支払い問題（以下「白表紙問題」）について報告している。教科書会社にも明らかに問題はあったのだが、私たちはこの問題を機会に、いっそうの教科書統制が進められようとするのではないかという危惧を抱いていた。2016年の9月に、一般社団法人教科書協会は「教科書発行者行動規範」を発表した。その問題点については、前号をぜひお読みいただきたい。その「教科書発行者行動規範」発表後の昨年、小学校道徳教科書の採択が行われた。さらに2018年4月には「教科書発行者行動規範」が改訂され、そのもとで中学校道徳教科書の採択が行われた。前号でも述べているが、行政・学校現場での過剰反応は、やむどころか常態化してきている実態がある。

　いくつかの例を紹介し問題点を明らかにしたい。

教育行政と学校の過剰反応

　文科省は「30年度使用教科書の採択事務処理について（通知）」を各都道府県教育委員会に発出し（2017年3月31日付）、それを受けた教育委員会や学校が過剰反応を起こして教科書会社の社員が学校に入ることを許さなかったり、現場教員との面談をさせなかったことを前号でも述べている。2018年度実施の中学校教科書採択でも同様の事例が報告されている。例えば、大阪市では教科書会社の社員の学校への立ち入りは一切は許されず、埼玉県でも全県ではないが、多くの市町村で学校訪問を禁じていたり、面談をさせなかったりしている。東京都でも「教科書会社の立ち入りを禁ず」というような貼り紙が出されている学校が散見されている。

　義務教育教科書である中学校道徳教科書の採択活動のみならず、高校教科書の採択活動でも同じような事例が報告されている。見本本配付については新刊のみ学校に各1冊ということが厳格に決められており、そのこと自体も問題があるが、学校ごとに採択を決められるはずの高校でなぜこのようなことが行われなければならないのだろうか。疑問を呈さざるをえない。

　問題は採択活動だけではない。教科書の著者のうち、教育現場出身者は学校長を通して、著者であることを教育委員会に報告しなければならず、書類提出などの煩雑さや管理職の考え方などにより、著者を辞退するケースが増えている。大阪市では編集協力者（指導書執筆者）を教育委員会で振り分けるなどということさえ行っており、教科書を作成するうえで大きな問題となっている。

過剰反応の問題点とねらい

　問題点は、言うまでもないことかもしれないが、学校現場と教科書会社の関係が遮断されてしまえば、学校現場の声を生かした、よりよい教科書を作ることが困難になり、その結果、子どもたちへの教育にも支障が出てしまうことになるということである。教育行政関係者は、教科書は誰のためにあるのかということを考え直すべきだ。

　前述のような過剰反応は、教育行政や学校現場の判断であるかもしれないが、国に対しての忠誠や忖度を踏まえたものとも考えられる。国のねらいは、教科書会社と現場教員との関係を遮断することにより、ひたすら国の方針に従った教科書づくりをさせるということなのではないだろうか。教科書会社はまさに「萎縮と自粛」をしている。多種多様な教科書づくりはさらに困難な状況となってきているといわねばならない。

教科書レポート 2018 ― No.61 ―

②初の道徳教科書採択で 公開性・透明性は確保されたのか？
──採択結果・採択理由すら示さない教育委員会も

はじめに

本誌前号（2017年、No.60）で、「一向に進まない教科書採択プロセスの公開」と題して、教科書採択における公開性・透明性の実態を、2016年度に文部科学省（文科省）が行った調査結果をもとに報告した。

あまり知られていないが、文科省はほぼ同一内容の調査を毎年行っている。2018年3月には2017年度に実施された小学校道徳教科書の採択の実態について公表している（「平成29年度教科書採択関係状況調査（公立小学校用）調査結果」。以下「文科省調査」）。採択の民主化を進めるにあたって基礎データとなりうるものなので、その概要をここに報告するとともに、その主な項目について分析を試みる。特に前回の採択（2014年度）との比較を行う。教科書採択の対象は、2014年度が小学校全教科、2017年度は道徳のみであったため、単純な比較はできないものの、大まかな傾向は捉えられるだろう。

調査結果は2017年9月29日から10月31日で、全国1,743の市町村から回答があった。すなわち回答率は100％である。なお原文は文科省のウェブサイトにアップされている（PDF）。
http://www.mext.go.jp/a_menu/shotou/kyoukasho/saitaku/__icsFiles/afieldfile/2018/04/16/1384034_01.pdf
以下、主に市町村教育委員会の回答を対象に分析する。

採択地区数

「1　採択地区の構成について（平成29年8月31日）」（1-1-1）〈「文科省調査」に付された番号、以下同〉によれば、採択地区数は563で、前回調査〈2014年度、以下同〉の558より5地区増えて

いる。1地区当たりの平均市町村数は2.7となっている。

全国で20ある政令指定都市の採択地区数（1-1-2）は市の数と同じになっている。最後まで市内に複数の採択地区を保っていた神奈川県川崎市で採択地区が一つに統合されたためである。

調査研究で慎重になった市町村教育委

「3　採択事務のスケジュール・手続について」（3-1-1）によると、都道府県教育委員会が市町村教育委員会に選定資料を送付した時期は6月1～15日が26（55.3％）、同16～30日が15（31.9％）となっており、6月中の合計が41（87.2％）である。つまり6月中にはほとんどの市町村教委に都道府県教委による選定資料が届いていることになる（「5月31日以前」は4（8.5％）、「7月1日以降」は2（4.3％））。前回は6月1～15日の送付が22（46.8％）、同16～30日が19（40.4％）だったので、全体として早まっている。

これを受けて市町村教委で調査研究が終了する時期（3-1-2）は、6月30日以前が106（18.2％）、7月1～15日が229（39.3％）、同16～31日が198（34.0％）、合計533（91.5％）であるので、7月中には市町村教委での調査研究はほぼ終了している。

前回の市町村教委の調査研究終了時期は、7月前半が246（42.3％）、同後半が189（32.5％）だったので、都道府県教委から選定資料が届いてから終了までの期間はむしろ長くなったことになる。1教科のみの調査研究だったことを考えれば、市町村教委は「特別の教科」として慎重になったことがうかがえる。

採択決定時期（3-2-1）は①の7月31日以前が975（55.9％）で最多、次いで③の8月16

日以降が418（24.0％）、②の8月1〜15日が350（20.1％）となっている。前回は①967（55.9％）、②425（24.4％）、③348（20.0％）であったから、②から③へと時期を遅らせた市町村教委が有意に増えたといえよう。これも1教科のみの採択であったことを考えれば、各市町村教委が「特別の教科」の初の教科書採択に慎重になったことがうかがえるだろう。

教育長だけが「採択権限」を行使しているケースも

「採択権限の行使方法」（3-3-1）、つまり市町村教委でどのように採択を行っているかについては、市町村単独の採択地区（「単独採択を行う市町村教育委員会」）では、「①教育委員会の会議に諮り教科書を採択している」が100％なのは当然として、複数の市町村で採択地区を構成しているところ（「共同採択を行う市町村教育委員会」）では①が1,441（97.6％）で、「②教育委員会規則により教育長に委任」「④教育長の専決」がそれぞれ17（1.2％）、16（1.1％）ある。つまり教育委員会の合議ではなく教育長だけの判断で採択を行っている市町村教委が、33あることになる。

順位づけ・絞り込みを行っている市町村教委もある

「採択地区における調査員が教科書について作成する資料とその扱いについて」（表1）では、各採択地区で各教科書の順位づけ・絞り込みを行っているかどうかがわかる。これによるとまったく順位づけ・絞り込みを行っていないのが①で398地区（68.3％）と多数ではあるものの、何らかの形で順位づけ・絞り込みを行っている地区（②③④）も存在しているのである。あたかも調査研究では教科書の順位づけを行ってはならないかのような言説があるが、そうではない。

とはいえ、前回は①が1,162地区（66.8％）で微増、②は124地区（7.1％、＋1.8ポイント）、③が193地区（11.1％、＋6.4ポイント）となっているうえ、明白な絞り込みを示す④は180地区（10.3％、－5.2ポイント）で地区数は1/3となっている。これが「道徳」であるために慎重になったのか、「萎縮」あるいは「忖度」の結

表1 「4-3 採択地区における調査員が教科書について作成する資料とその扱いについて」

		採択地区数	全採択地区に占める割合
①	総合的・観点別の評定を付さず、特徴や留意点のみを記述した資料を作成し、全ての教科書の中から採択・選定することとしている	398	68.3%
②	総合的な評定を付さず、観点別の評定を付した資料を作成し、全ての教科書の中から採択・選定することとしている	52	8.9%
③	総合的な評定を付した資料（観点別の評定を併せて付したものを含む）を作成し、全ての教科書の中から採択・選定することとしている	102	17.5%
④	総合的な評定を付した資料（観点別の評定を併せて付したものを含む）を作成し、首位の教科書を採択・選定、または上位の教科書の中から採択・選定することとしている	30	5.1%
⑤	資料を作成していない（調査員組織がない場合を含む）	1	0.2%

果なのかは即断できない。2019年度の、「道徳」を含む全教科を対象とした小学校教科書の採択の結果で判断せざるをえないだろう。

採択関係組織に教員・保護者は参加できているか

「4-4 採択関係組織の構成について」では、教員や保護者が採択過程に関与できているかどうかがわかる。採択地区については表2のような結果であった。

前回の調査では、①で「保護者」＝209地区65.9％、「教諭等」＝57地区 18.0％。なお採択地区協議会を設置している地区数は316（前回317）である。②では「教諭等」160地区

表2 「4-4」のうち、「採択地区の採択地区協議会、選定委員会、調査員について」より抜粋

			保護者	教諭等（校長を除く）
①	採択地区協議会	地区	210	52
		%	66.5%	16.5%
②	選定委員会	地区	304	180
		%	85.6%	50.7%
③	調査員	地区	28	560
		%	4.9%	98.1%

47.9％、「保護者」＝ 290 地区、86.8％で、地区数では両者とも増加した。③の「調査員」については、「保護者」＝ 42 地区　7.4％、「教諭等」＝ 559 地区（98.6％）であった。保護者を調査員に加えている地区が半減しているのが目立つが、これも「道徳」という教科ゆえのことなのかどうかは、来年度の採択でどうなるのかを見ないと断言できない。

公開性・透明性は前回より後退

　冒頭に述べたように、本誌は前号で教科書採択過程の公開性・透明性を取り上げ、「一向に進まない」と評価した。今回の採択ではどうだったのか。結論からいえば、「一向に進まない」どころか「逆行」と断じざるをえない。

　表3をご覧いただきたい。①～⑨の全項目について、前回よりも数値が下がっている。すなわち公開性・透明性が後退しているということである。新教科の「道徳」という事情が仮にあるとすれば、逆にだからこそ、公開性・透明性を高める努力が必要だったのではないのか。厳しく批判しなければならない。

　採択結果さえ非公表というのはまったく理解しがたい。各都道府県の教科書供給社（いわゆる特約会社）が各々のウェブサイトで公表しているのだから。非公表理由を見ると、公表拒否というわけでもない以上、積極的に公開すべきだろう。ホームページで公表すれば、いちいち公開請求しなくてもよいのだから、住民にとっても対応する職員にとっても負担が少ないはずだ。

　教育委員会の議事録を公開した市町村教委がわずか 590 教委 35.1％と前回の 732 教委 42.1％から教委数で 142 教委 7.0 ポイントも減少しているのは不可解きわまる。採択にあたって公表できないような議論をしたのかと疑われてもしかたあるまい。当たり前だが議事録が作成されるのは採択決定後である。議事録確認は、早くても採択の次回ないし次々回であろうから、「静ひつな採択環境の確保」が非公表理由になるなどありえないではないか。

　採択理由も非公表のまま、採択された教科書を使わざるをえない教員と子どもたちこそ最大の被害者だというべきである。

教科書見本が教育委員に届いていない？

　表4は教科書見本（見本本）が教育委員にきちんと届いているのか、したがって教育委員が検討できているのかどうかを示すものである。

表3　「5-2　市町村教育委員会における公表について」

	2017									2014	
	公表	非公表	公表方法（複数回答可）			非公表理由				公表	非公表
			ホームページ	情報センター	その他	静ひつな採択環境の確保	請求があれば開示	（※）	その他		
① 採択結果	1,038 59.6%	705 40.4%	805	209	185	-	450	242	13	1,145 65.8%	595 34.2%
② 採択理由	759 43.5%	984 56.5%	513	181	113	-	656	301	27	865 49.7%	875 50.3%
③ 採択地区協議会委員氏名	324 22.0%	1,152 78.0%	162	111	62	213	501	377	61	423 28.1%	1,084 71.9%
④ 採択地区評議会の議事録	375 25.4%	1,101 74.6%	214	106	71	120	522	396	63	437 29.0%	1,070 71.0%
⑤ 選定委員会委員氏名	183 24.5%	563 75.5%	82	101	14	168	255	112	28	232 32.8%	476 67.2%
⑥ 選定委員会の議事録	134 18.0%	610 82.0%	60	71	17	111	300	145	54	211 29.8%	497 70.2%
⑦ 調査員氏名	235 14.0%	1,444 86.0%	71	120	56	604	416	308	116	335 19.6%	1,376 80.4%
⑧ 調査研究資料	493 28.5%	1,237 71.5%	237	190	92	161	661	352	63	613 35.8%	1,098 64.2%
⑨ 採択に関する教委員会の議事録	590 35.1%	1,092 64.9%	467	104	57	184	670	153	85	732 42.1%	1,008 57.9%

（※）＝採択地区協議会の事務局を務める教育委員会が公表すれば十分

特集1 **転換期**の教科書

表4 「6-1-2 市町村教育委員会における教育委員等への教科書見本の提供」より抜粋

		市町村教育委員会数	全市町村教育委員会に占める割合
①	自宅・職場に送付するなど、教育委員等全員に全種類を提供している	374	21.5 %
②	専用の部屋等に、教育委員等全員が閲覧するために据え置いている	715	41.0 %
③	採択に関連する会議で配布資料としてのみ活用している	429	24.6 %
④	特に提供していない	192	11.0 %
⑤	その他	33	1.9 %

　検討の前提として、次の点を押さえておきたい。第一に地教行法（地方教育行政の組織及び運営に関する法律）第21条で教育委員に与えられた権限は事務手続きであり、彼らが直接採択を行うことを直接的に許容しているものではないこと、第二に、それでも「法定見本数」として文科省が教科書発行者に無償での提供を要求している見本本の部数は約16,000部に及ぶことである。

　無償で提供させておいて、文科省が「採択権者」であるとする教育委員に、実際には検討する機会を保障していないというようなことがあれば、教科書発行者としては、いったい何のために手間をかけて、しかも無償で全国の教育委員会に見本本を発送しているのかということになる。

　この2点をふまえて6-1-2を見ると、怒りを禁じえない。③「採択に関連する会議で配布資料としてのみ活用している」とは、つまり教育委員は、ろくに教科書を読まずに採択を決定しているということになるのだろうか。これを「活用している」というのは言葉のごまかしというべきだろう。さらに④「特に提供していない」とはいったいどういうことなのか。無償で提供した見本本の1割強は死蔵されているということなのか。教育委員はいったい何を根拠に採択を決定しているのだろうか。文科省はアンケートを取るだけでなく、この実態を是正させるべきなのではないのか。

教科書展示会は一定の前進

　一方、教科書展示会では一定の前進が見られ

る（「7　教科書展示会について」。関連する表は割愛）。教科書無償措置法に基づく法定展示は14日間で、日程については毎回文科省が通知することになっている。2018年度は6月15日からの14日間となっている。これはナショナル・ミニマムであって、これ以外の日程や展示会の日数を増やしてはいけないわけではない。たとえば「法定展示期間よりも長い期間で開催した会場」は、まだまだ少ないとはいえ696か所あった（7-1-1）。

　会場総数は2,106か所で、うち「教科書センター」がのべ841か所、「学校」が同696か所、「公立図書館」が同615か所、「その他」が同651か所となっている。

　「夜間（17時以降）」の開催はのべ448か所（前回365か所）、「巡回・移動」が同518か所（前回227か所）となっており、大きく増えているといえる（7-1-4）。

　さらに「教科書展示会の改善について（複数回答可）」（7-3）では、都道府県教育委員会ではあるが、開催場所の増設15、開催時間の延長13、法定展示以外の展示会場の新設・増設が14などとなっている。

おわりに

　教科書採択の公開性・透明性が、全体としてきわめて不十分であることは否定できない事実である。特に採択結果や採択理由が非公表というのはきわめて問題である。ただし、これが初の小学校「特別の教科　道徳」であったためかどうかは、さらに検討を要するだろう。「採択権者」であるはずの教育委員に、実は教科書見本が行き渡っていない現実もある。

　しかし一方で、前述のように展示会については一定の前進も見られる。この前進は、まちがいなく保護者や住民の要求と運動の成果である。

　次の義務教育教科書の採択は、2019年度の道徳を含む小学校全教科が対象である。さらに2020年度には中学校教科書の採択が行われる。いずれも新学習指導要領準拠の、道徳を含む全教科が対象である。本稿が民主的な教科書採択の運動の一助になれば幸いである。

5 海外との比較

韓国の教育政策の変遷と歴史教科書

上山由里香
（日本国際問題研究所 研究員）

はじめに

日本と韓国の間で、教科書をめぐる諸問題は今や常態化しつつある。ほとんどの場合、その話題の中心は日本の教科書（特に歴史教科書）に関わるものであるため、韓国では日本の教科書の動向に対して常に敏感に反応している。例えば、日本で歴史教科書の検定時期には、ニュースや新聞など各種メディアでも取り上げられるほど、常にその動向に敏感に反応している。そのため、関連する情報も比較的多くの人々が接しやすいところに散在していると言える。

しかし一方で、日本で韓国の教科書の実態を把握できるツールはきわめて限定的である。したがって、以下韓国の教科書や教育政策の変遷を概観しながら、その実態把握に幾分か寄与できればと思う。

教科書の種類

現在韓国では、国定教科書、検定教科書、認定教科書の3種類の教科書が使用されている。国定教科書は教育部が著作権を持ち、教育部で編纂し、1科目につき1種類の教科書を教育部が委託した各出版社が販売を担当している。検定教科書は教育部長官の名で検定を受けた教科書で、民間の出版社が著作した教科書を国家機関（韓国教育課程評価院、国史編纂委員会）が検定したものである。認定教科書は各市・道の教育官の認定を受けた教科用図書で、民間の出版社が著作した図書を国家機関が審査、認定したものである。

国定教科書が主として使用されているのは小学校の教科書である。具体的には、小学1、2年生の全科目（国語、数学、社会、道徳、科学、生活など）の教科書と小学3〜6年生の国語、数学、社会、道徳の科目が国定教科書として編纂されている。一方、中・高校の教科書はすべて検定教科書か認定教科書である。受験教科の教科書は主に検定教科書、それ以外は認定教科書として編纂さ

れ使用されている。

教育政策の変遷と歴史教科書

韓国では日本の植民地支配からの解放以降、教育や教科書に関わる制度的側面を整備してきた。現在に至るまで幾多の制度的変遷を経ており、その変化に応じて各教科の教科書も変化してきた。どの教科がどのような種類の教科書として編纂されるかは、制度的基準、政策決定者や各分野の研究者、教科書叙述、政治的な要因、社会的な要請など、教科書を構成するさまざまな要素と深く関係している。

韓国では歴史的に見て、大統領が代わるごとに対内外の政治・経済政策が大きく変化し、その影響が教育政策にまで及ぶことが多い。教育関連では教育課程（教育目標を達成するための教育内容などを体系的に編成したもので、日本の学習指導要領に相当する）の改訂などが特徴的で、改訂は大きな政治的変動の後に行われている。

朝鮮戦争後の1954年4月に第1次教育課程が制定され、その後、朴正熙（パク・チョンヒ）が大統領になる時期（1963年2月〜第2次教育課程）、朴正熙が大統領として独裁色を強めた10月維新後（1973年2月〜第3次教育課程）、光州民主化運動を軍事力で制圧させた全斗煥（チョン・ドゥファン）が大統領に就任した後（1981年12月〜第4次教育課程）、民主化を要求する運動が展開された6月民主抗争後（1987年6月〜第5次教育課程）に改訂されている。

そして、この教育課程の変遷に伴い、中・高校の歴史教科書（高校は韓国史教科書）も大きな制度的変遷を経ている。大きな変化は、1945年の植民地解放以降1970年代後半まで検定教科書だった中・高校の歴史教科書が、第3次教育課程の時期に韓国史教育の必須化が強化され、国定教科書になったことである。軍事独裁政権下で、「国史」教育を通して民族的な自負心を育むことが強化されたためである。

80年代末からは民主化運動が進み、大統領が金泳三（キム・ヨンサム）、金大中（キム・デジュン）、盧武鉉（ノ・ムヒョン）という民主化政策を推進する人物らが政策を進めるようになった。そのため、教育課程においても独裁色は希薄になっていき、国定教科書の時期はすぐに解消されなかったものの、実際に歴史教科書の中で民族運動史に関する叙述が増えるなど、段階的に歴史教科書の民主化が模索されるようになった。そして、90年代末から段階的に中・高校の歴史教科書は検定教科書へと移行していった。

　しかし時代に逆行するかのように、朴槿恵（パク・クネ）政権期には再び韓国史教科書国定化の方針が出された。歴史学者や歴史教師をはじめ、中高生や保護者を含む一般市民らの猛反対にもかかわらず、教科書編纂まで完了させてしまったのである。2017年3月から全国の高校の韓国史教科書として使用することを目的としていたが、実際にはほとんどの地域で該当教科書を不採択にするという方針が採られた。これは単に韓国史教科書が国定教科書だからという理由ではなく、内容の偏向性や多くの事実誤謬などが確認されたため、教育現場での使用が不適切であるという判断によるものである。

　突然の朴政権の退陣劇に伴う文在寅（ムン・ジェイン）新政権の発足により、韓国史教科書の国定化は廃止された。文大統領は再び歴史教科書を検定制度に転換することを公示し、さらにこの数年間社会問題となっていた歴史教科書国定化推進過程の真相を調査し、再発防止対策を樹立するために歴史教科書国定化真相調査委員会と真相調査チームを設置した。2018年6月8日に「歴史教科国定化真相調査白書」が公開され、「国定化が教育部を中心に推進」されていたことなどを謝罪している。

　このような出来事を通してもわかるように、いわゆる教科書問題と言えば、日本の歴史教科書などをめぐる問題という認識が強いが、韓国国内でもきわめて深刻な教科書問題が内在していたことが確認できるだろう。

歴史教科書の現在

　現在、韓国の歴史教科書は、小学5、6年の「社

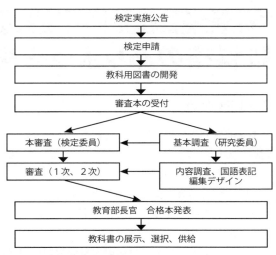

図　検定教科書の編纂過程

会」教科書は国定、中学校の「歴史」、高校の「韓国史」はいずれも検定教科書である。なお、高校の歴史にはほかに「東アジア史」、「世界史」科目があり、両科目とも検定教科書である。

　上図のようなプロセスを経て編纂された各検定教科書には、奥付に執筆者だけでなく、検定審議会を構成する審議委員長、検定委員、研究委員らの名前も明記されている。

　このような検定教科書がどのように採択されているのかという点も気になるところだろう。韓国で教科書の採択は基本的には学校採択制を採っている。以前は副教材などの使用もかなり制限的であったが、現在ではかなり緩和され、教師の裁量によって教科書以外の教材も多く使用されているようである。

おわりに

　歴史教科書が検定教科書となり、学者や教師で構成された執筆陣により執筆された多様な教科書が存在している。日本でも出版社別、執筆者別に教科書に特徴があるように、韓国の教科書でも同様にそれぞれ特徴が見られる。そしてまた、韓国でも教科書叙述をめぐる問題がたびたび発生している。

　限られた紙面ではあるが、本稿を通して韓国の教育政策、教育制度、教科書を理解する一助となれば幸いである。

6 ▶ 教科書制度改善提言作成についてのとりくみ―中間報告―

教科書のありようを考えよう

この１年の経過

本誌前号で教科書制度改善提言案を作成後の中間的なとりくみを報告した（60号、p.30）。本稿では、それから１年を経過しての到達点を報告したい。前号の繰り返しになるが、十全な時間をかけて職場だけでなく社会的な合意形成を進めていくこととしたい。

前号では上山和雄・元教科用図書検定調査審議会委員（國學院大学名誉教授）、本号では前川喜平・元文部科学省事務次官から、あるべき教科書制度について意見を伺った（本号 p.35 以下を参照）。共通に出されたご意見は、この提言案の方向と一致するものであった。たとえば検定は公開の場で行うべきこと、政府からの独立性を確保すべきこと、などである。教育行政の側で検定にかかわった方々も、われわれと同様の問題を認識していることは、これまでの方向性が基本的に正しいことを示しているといってよいだろう。

新たな課題

一方でこの間、新たに検討を要する課題も生まれているので、そのことに触れておきたい。教科書制度改善提言には、これらの要素を加える必要があるからである。

（1）新学習指導要領の告示と教科書検定規則

まず新学習指導要領である。義務教育については 2017 年 3 月、高校については 2018 年 3 月にそれぞれ告示された。この学習指導要領に準拠した最初の小学校教科書の検定申請が、すでに今年の 4 月に行われ、現在進行中である。今回から検定規則が変更され、検定制度は改善どころかさらなる密室化と統制強化へと進んでいる。詳しくは別途検討することとしたいが、「白表紙本問題」（採択を有利にするため、検定申請本、いわゆる白表紙本を採択関係者に見せ、謝礼を支払っていた問題）を利用して、つまり「採択」の問題

を理由として、「検定」を統制したのである。

その内容を簡潔にまとめると、①守秘義務の厳格化と厳罰化、②訂正申請の要件の厳格化、③不合格になった場合、再申請は翌年度回しもありうる、などである。

（2）デジタル教科書の導入

もう一つはデジタル教科書の導入である。これも詳しくは別稿（p.15）をお読みいただきたいが、要するにデジタル教科書に紙の教科書と同等の「地位」を与えるというものである。教科書のあり方だけでなく、授業のあり方も大きく変えることにつながる制度変更というべきだろう。

いまも続く 19 世紀的な日本の教科書制度

教科書がネイションステイト（国民国家）の形成と維持に深くつながるものであり続けてきた以上、多くの場合、教科書制度は国家の政策であったし、いまもそうである。しかし民主主義の発展とともに、教科書制度は多くの国で大きな変容を遂げてきた。少々荒っぽく結論をいえば、国家の関与の縮小、もしくは撤廃という方向に進んできたのである。しかし日本の教科書制度には、21世紀の現在でも、強力で権力的な国家統制という性格が強く刻印されている。

明治期、政府は教育と教科書内容を統制し、強化した。一方で「国語」をつくって言語を統制し、他方で「万世一系の天皇」という虚偽の歴史認識を強制することによって、さらに「教育勅語」の押しつけによって、「国民」意識の統合を調達し、国家の最大の事業としての「総力戦」に国民を動員する媒体（メディア）として教科書を活用した。明治初期には教科書の自由発行・自由採択をめざしていた政府が、開申制（採択した教科書を官庁に報告）、認定制と教科書への統制を強め、1904年に最初の国定教科書（尋常小学校国語）が使用開始されたのと、戦争国家体制づくりとが並行していたのを偶然ということはできない。

政府が「戦争する国」づくりを進める今日、教科書への国家統制に反対し、対抗する制度を市民が検討し練り上げることが強く求められているといわなければならない。

諸外国の教科書制度

前述のように教科書制度が国家政策である以上、その特徴をみるにあたっては諸外国の教科書制度との比較は、不可欠というべきである。そこでごく簡潔にではあるが、諸外国の制度に言及しておく（対象は初等・中等教育。教科書研究センター「諸外国における教科書制度及び教科書事情に関する調査研究報告書」〔2000年〕を文科省委託事業「諸外国におけるプログラミング教育に関する調査研究」〔2014年〕で補った）。結論からいうと、西欧諸国、オセアニア、ラテン・アメリカでは、教科書は概ね自由につくられている。教科書への国家統制を維持しているのは東アジア・東南アジア諸国である。

検定制度についてみると、西欧諸国では、確認できたかぎりでは、ドイツで州教育省が行っている例とノルウェーで行っている例があるだけである。ただし両国とも政府または州政府から独立した機関で行われている。認定制度（教科書として使用できる書籍を指定する）があるのはロシアとシンガポール、アメリカ（州ごとに異なる）である。東アジアでは韓国と中国、台湾に検定制度がある。東南アジアでは国定が多い。

採択単位では、広域（共同）採択があるのはマレーシアと中国だけである。マレーシアで広域採択制度が導入されたのは1986年であるから、日本の制度を参考にした、あるいは取り入れた可能性すらある。

以上からいえることは、日本の教科書制度はもはや世界から見て時代遅れであり、教科書の自由を確保できるようにするための制度の改善が早急に必要だということである。

教科書制度改善提言（案）の骨子

Ⅰ　採択制度の改善

1．文部科学省

(1) 教科書採択過程の透明化：教科書無償措置法第15条を根拠とした情報公開をさらに進めるよう都道府県教育委員会を指導すること。

(2) 採択過程の公開を「努力義務」でなく「義務」とすること。

2．都道府県教育委員会・市町村教育委員会

(1) 関係するすべての会議及び議事録の公開など、採択過程の透明化を抜本的に進めること。

(2) 教育委員は現場教員の意向をすること。

(3) 特定の教科書を優遇または排除するような研究調査を行い、また採択基準を設けないこと。

Ⅱ　検定制度の改善

1．学習指導要領は「大綱」とすること

(1) 学習指導要領への準拠を検定合格の基準としないこと。

(2)「学習指導要領解説」への準拠を求めないこと。

2．検定は独立した第三者機関で行うこと

(1) 教科用図書検定調査審議会委員の委嘱は関連学会の推薦を要するものとすること。

(2) 審議会は公開とすること。

「教科書労働者の倫理綱領」（仮称）の骨子

●出版人の一員として、憲法で保障された言論・出版・報道・良心・思想信条・学問の自由を最大限に尊重するとともに、これに反する業務上の指示は拒否する。

●権力や外部からの圧力を拒否し、権力との癒着と疑われるような行為はしない。

●子どもの学ぶ権利の保障を生かすよう、自らの良心に基づいて最大限の努力を尽くす。

●不正な採択方法に与しない。

●教科書内容の向上に努め、教育に関する職能的団体の研究に参加する権利を拡大する。

●教科書労働者の地位と労働条件の向上をめざす。

第44回 出版研究集会（2017年）報告

どうする、どうなる 道徳の教科化

以下は2017年10月に開かれた第44回出版研究集会「どうする、どうなる道徳の教科化」の報告である。

2015年3月に学校教育法施行規則が改正され、現行の学習指導要領の一部改正が告示された。これにより、道徳教育の今後のあり方について、「『考え、議論する道徳』への転換」が明確に打ち出されたことに加えて、教科としての道徳の授業が小学校では2018年度から、中学校では2019年度から全面実施されることとなった。つまり、今年2018年4月から文部科学省の検定を受けた道徳の教科書が児童・生徒に配布され始め、小学校では授業が実際に始まっている。

一方、次期学習指導要領は2017年3月に告示され、早くも次の道徳教科書の制作が教科書発行者の中で進んでいる。表1、2は、次期学習指導要領のうち道徳の学習内容であり、現行の学習指導要領の一部が改正された後の内容とほぼ同様であるが、はたして、軸になる学問がないと言われる道徳に対しどのような教育がなされ始めているのであろうか。2017年の出版労連主催第44回出版研究集会（第4分科会）において、「特別の教科 道徳」について、教師論や生活指導・道徳教育などを専門に研究されている大東文化大学准教授の渡辺雅之氏を講師に招いてご講演いただき、労働組合として道徳教育をどのようにとらえ、場合によってはどのようなとりくみができるか考えることとした。

まず渡辺氏は、ワシントンのホロコースト記念館に展示されている「ファシズムの初期兆候（注1）」を紹介し、そのうちの「学問と芸術の軽視」が今回の道徳教科化に深く関わっていると分析した。また、「① すべては（わがままはいけ

ないといった）徳目から出ている」「② すべての問題を人の心の内面の問題とする心理主義」「③ 偏狭なナショナリズム」が今回の教科化に共通する大きな問題で、さらに「従前から①、②は存在していたが、特に③が過去の道徳教育と比較して強まっていることも問題である」と話した。一方、「どういう道徳で何のために教えるのかが欠落しており、教科化すること自体に目的があったのではないか」とも分析した。実際の2018年度版小学校道徳の検定教科書には、文部科学省の顔色をうかがうような「過剰な忖度」「萎縮と自粛の構造」も見受けられ、その結果、検定意見の箇所が非常に少なかったとも述べた。また、2019年度版中学校道徳の検定教科書には、全社でネットいじめをはじめとする「いじめ」に関する題材が取り上げられたが、果たして教科としての道徳を教えれば、いじめ自体がなくなるのであろうか。一方で、保護者の多くは道徳の教科化に賛成しているという報告もあり、道徳の教科化やその教育自体の問題点をどのように社会に訴えていくべきか、労働組合としては考えていく必要がある。最後に渡辺氏は、「人がそこに生きていること。道徳性の根幹はここにあるし、それを壊そうとするものに対して立ち向かっていかなければならない」と主張した。これらについては、今後の労働組合のとりくみの一環の中で重視していくべき点であろう。

なお、文部科学省は2016年7月22日に開催された「第10回 道徳教育に係る評価等の在り方に関する専門家会議」を経て、「『特別の教科 道徳』の指導方法・評価等について（報告）」を発表した。その中の「道徳科における評価の基本的な考え方」という項目には、「道徳科の特質を踏まえれば、評価に当たって、①数値による評価ではなく、記述式とすること ②他の児童生徒との比較による

第44回 出版研究集会 報告　どうする、どうなる　道徳の教科化

表1　次期学習指導要領 小学校道徳 内容

A　主として自分自身に関すること	善悪の判断 自律 自由と責任	正直 誠実	節度 節制	個性の伸長	希望と勇気 努力と強い意志	真理の探究	
B　主として人との関わりに関すること	親切 思いやり	感謝	礼儀	友情 信頼	相互理解 寛容		
C　主として集団や社会との関わりに関すること	規則の尊重	公正 公平 社会正義	勤労 公共の精神	家族愛 家庭生活の充実	よりよい学校生活 集団生活の充実	伝統と文化の尊重 国や郷土を愛する態度	国際理解 国際親善
D　主として生命や自然、崇高なものとの関わりに関すること	生命の尊さ	自然愛護	感動 畏敬の念	よりよく生きる喜び			

表2　次期学習指導要領 中学校道徳 内容

A　主として自分自身に関すること	自主 自律 自由と責任	節度 節制	向上心 個性の伸長	希望と勇気 克己と強い意志	真理の探究 創造			
B　主として人との関わりに関すること	思いやり 感謝	礼儀	友情 信頼	相互理解 寛容				
C　主として集団や社会との関わりに関すること	遵法精神 公徳心	公正 公平 社会正義	社会参画 公共の精神	勤労	家族愛 家庭生活の充実	よりよい学校生活 集団生活の充実	郷土の伝統と文化の尊重 郷土を愛する態度	我が国の伝統と文化の尊重 国を愛する態度	国際理解 国際貢献
D　主として生命や自然、崇高なものとの関わりに関すること	生命の尊さ	自然愛護	感動 畏敬の念	よりよく生きる喜び				

評価ではなく、児童生徒がいかに成長したかを積極的に受け止めて認め、励ます個人内評価（注2）として行うこと」などと記述されている。内容が抽象的でわかりにくい表現が多数みられ、現場の教員も混乱するのではないだろうか。少なくとも、何らかの形で評価をすることが決定されたため、今後の動向には注視が必要である。

また、今回の研究集会とは直接関連しないが、文部科学省は2018年3月30日に、2022年度から実施される高校の学習指導要領案を告示した。道徳教育を進めるに当たっての考え方が明記されており、労働組合としては高校の道徳教育の動向についても今後検証していく必要がある。詳しくはp.28以下をお読みいただきたい。

（注1）
　ファシズムの初期兆候：強情なナショナリズム、人権の軽視、団結のための敵国づくり、軍事の優先、性差別の横行、マスメディアのコントロール、国家の治安に対する執着、宗教と政治の癒着、企業の保護、労働者の抑圧、学問と芸術の軽視、犯罪の厳罰化へ執着、身びいきの横行と腐敗、不正な選挙。
（注2）
　個人内評価：「児童生徒のよい点を褒めたり、さらなる改善が望まれる点を指摘したりするなど、児童生徒の発達の段階に応じ励ましていく評価」と文部科学省が補足している。

特集2

高校学習指導要領改訂と教科書

1 改訂の特徴

2017年の義務教育の学習指導要領改訂に続き、2018年には高等学校の学習指導要領が改訂された。その特徴を見てみよう。

（1）全体的な特徴

1．分量の増大

学習指導要領全体の分量が、大幅に増加している。現行学習指導要領はA4判296ページであるが、改訂された学習指導要領は同じA4判で651ページに増加している。いずれの教科・科目でも分量が大幅に増加し、詳細化している。その結果、教育内容はもちろん、教科書の内容も詳細なところまで拘束されることになる。

一方、今回の改訂で新設された前文では、「学習指導要領とは……教育課程の基準を大綱的に定めるもの」としている。前文の趣旨と本編の内容量に整合性がとれていない。

2．第7款「道徳教育に関する配慮事項」を新設

第1章総則に、新たに第7款「道徳教育に関する配慮事項」を設け、「校長の方針の下に、道徳教育の推進を主に担当する教師（「道徳教育推進教師」という。）を中心に、全教師が協力して道徳教育を展開すること。なお、道徳教育の全体計画の作成に当たっては、……各教科・科目等との関係を明らかにすること。その際、公民科の『公共』及び『倫理』並びに特別活動が……中核的な指導の場面であることに配慮すること」とある。

全教科にわたって「道徳」に配慮すること、とりわけ「公共」や「倫理」での取り扱いを要請している。

3．○○についての見方・考え方

各教科・科目の冒頭に、「○○についての見方・考え方を働かせ……資質・能力を育成する」とする趣旨の文言が置かれたが、「○○についての見方・考え方」の内容は述べられていない。例えば、新たな科目「現代の国語」では「言葉による見方・考え方を働かせ」とあるが、「言葉による見方・考え方」がどのようなものかの説明はない。義務教育の学習指導要領では「見方・考え方」の具体的な内容は、その後発行された「学習指導要領解説」で述べている。高等学校の場合も同様に学習指導要領解説で説明している。法的拘束力を有すると文科省が主張する「学習指導要領」の内容と解釈を、法的拘束力がない「解説」で述べることになり、脱法的といわざるをえない。

4．前文の新設

義務教育の学習指導要領と同様に前文を新設し、2006年に「改正」された教育基本法の第2条（公共の精神、伝統と文化の尊重、国と郷土を愛するなど）が記載されている。「改正」法案の国会審議では「愛国心」をめぐり大きく議論が分

28　　　　　　　　　　　　　　　　　　　　　教科書レポート 2018 — No.61 —

特集2 高校学習指導要領改訂と教科書

かれた。このように議論の分かれる特定の価値観が、子どもに押しつけられることになりはしないだろうか。

5.「アクティブ・ラーニング」から「主体的・対話的で深い学び」へ

中教審答申の段階では、生徒の能動的な学習をアクティブ・ラーニングという用語で取り上げていた。しかし、改訂された学習指導要領ではその用語は姿を消し、「主体的・対話的で深い学び」となり、その実現をめざすこととなった。名称は異なるものの、従来の学習を受動的な学習ととらえ、そうではない能動的な学習をめざすとした。また、各教科・科目共通に、(1)知識・技能の習得、(2)思考力・判断力・表現力等の育成、(3)学びに向かう力、人間性等の涵養の実現をめざしている。

6. 情報手段の積極的活用

第1章総則第3款に、「各学校において、コンピュータや情報通信ネットワークなどの情報手段を活用するために必要な環境を整え、これらを適切に活用した学習活動の充実を図ること」とある。しかし、そのための十分な財政措置がとられるかどうかはいまだ確定していない。

（2）大きく変わる科目

専門学科を除く各学科に共通する各教科では、55科目のうち22科目で新設、または内容の見直しが行われた。なかでも、国語科、地歴・公民科、外国語科、情報科などでは科目が大きく変更された。例えば国語科では、これまで必履修科目であった『国語総合（4単位）』にかわり『現代の国語』『言語文化』（各2単位）が必修科目となり、選択科目の『国語表現』『現代文A』『現代文B』『古典A』『古典B』が『論理国語』『文学国語』『国語表現』『古典研究』にかわった。また、理数という教科および『理数探究基礎』『理数探究』という科目が新たに設置された。詳しくは、p.34の一覧表をご参照いただきたい。

2 各教科ごとの分析

（1）国語の特徴

1. 経済界への忖度により歪められた国語教育

これまで高校国語の目標は、国語に関する基本的なことを身につけるとともに、心情を豊かにすることにあったと思う。しかし、今回の学習指導要領の改訂では、社会人としてすぐに役立つような言語技能を身につけさせることを目標とすることが前面に出てきた。

これは、主に経済界からの要請を受けた政府・自民党の意向が強く働いたものと思われる。たとえて言えば、高校国語を「社会人のための実践言語技能ガイド・入門編」という性格に変えたことになる。つまり、経済界への忖度により、学校教育が歪められたということになるのである。

2. 自由な発想を制限する目標

今回、目標に新たに3項目が立てられたが、そこに「生涯にわたる社会生活」「生涯にわたり」という言葉が加えられた。社会人になった後のことも考えた学習が、高校国語において不必要だとは言わない。しかし、社会人としての言語技能（マナー）は、社会人になってからでも学べる。

むしろ高校時代には、（科学における基礎研究のように）国語に対する基礎的・基本的な知識・技能を身につけるとともに、相手の痛みを知ることができる心情を豊かにすることが大切ではないか。また、社会のしがらみにとらわれず、自由な発想ができるところに、高校時代の特長があると思う。

この目標では、社会の役に立たないことは無駄だから学習しなくてもよいとなり、自由な発想を自ら制限する高校生を育てることになりかねない。

3．目標から「心情を豊かに」を削除

　現行学習指導要領の目標にあった「心情を豊かに」という言葉を削除したのは大きな問題である。これでは、心情を豊かにし、いろいろなことを考えて文句を言う人間より、上の人（国）の言うことを素直にきく人間を育てたいという方針であると疑わざるをえない。

　今日、いじめ問題が後を絶たないが、これは自分以外の人間に対する「想像力」の欠如が大きな原因になっていると思う。そしてこの「想像力」は、豊かな心情から生まれる。相手の痛みを知るという「想像力」が必要とされる現代において、目標から「心情を豊かに」を削除するなど、言語道断である。

（2）地理・歴史科の特徴

1．学習指導要領の詳細化が教育現場と教科書を強く拘束する

　地理・歴史科の学習指導要領は、分量がほぼ倍増している。例えば、新しい科目となる歴史総合（2単位）は、従来の世界史A（近現代の世界史　2単位）と日本史A（近現代の日本史　2単位）を統合し、「近代化と私たち」「国際秩序の変化や大衆化と私たち」「グローバル化と私たち」という構成になっている。この区分についても議論はあるが、それぞれの段階で他教科同様「知識・技能」「思考力・判断力・表現力」を育成することが求められている。その際、「諸資料を活用する」「問いを立てる」「仮説を立てる」「主題を設定する」など、具体的な指示が目立つ。これは大綱的基準の枠をはるかに超えるもので、実際に授業を編成する教員の指導内容や授業方法に大きく踏み込んでいる。そのため、教育現場に本来あるべき自由な裁量を縛るだけでなく、主たる教材である教科書の内容にも強い制約を課している。

　これでは長年にわたる教育実践の積み重ねに基づく指導実態を規制し、創意・工夫の余地をなくしてしまうおそれがある。同時に、教科書の多様性をも制約する。これでは、地域や学校の特性に応じた教育は望めず、画一的な指導展開になってしまうことが危惧される。教育実践と教科書内容の細部にわたる統制は極力排除し、教科書内容と教育現場の裁量をもっと許容すべきではないだろうか。

2．愛国心の強要は生徒の内心の自由を蹂躙する

　教科の目標だけでなく、科目の目標にも新たに愛国心の涵養が盛り込まれた。歴史総合や日本史探究、世界史探究では「我が国の歴史に対する愛情」を目標に掲げ、地理総合や地理探究では「我が国の国土に対する愛情」を目標に掲げている。愛国心の涵養を教育の目標とすることは、画一的な心情の育成を生徒に強いることになりかねない。このことは、学習指導要領の随所で述べられている「多面的・多角的に考察すること」という趣旨に反しているのではないか。一方的に愛国心を強要することは、生徒の思想・信条を侵し、内心の自由を蹂躙するのではないだろうか。

　さらに、現実の教室空間を想起すれば、グローバル化がすすむ現在、生徒たちは必ずしも日本国籍を有するわけではなく、さまざまな国籍の生徒で構成されている。「我が国の国土と歴史を愛せよ」という愛国心の強要は、こうした生徒の人権や自尊心を傷つけることになりかねない。

3．一方的に政府見解を書かせることと多面的・多角的に考察させることは並び立たない

　現行の学習指導要領解説にある領土に関する扱いが、今回の改訂では学習指導要領本文に格上げされた。歴史総合や日本史探究では、「北方領土に触れるとともに、竹島、尖閣諸島の編入についても触れること」と記載されている。地理総合や地理探究では「竹島や北方領土が我が国の固有の領土であること」「尖閣諸島については我が国の固有の領土であり、領土問題は存在しないことも扱うこと」と、日本政府の見解を記載させようとしている。それぞれの地域については、歴史的な経緯を学び、当事国双方の主張を検討するなかから平和的な解決が導き出せる、きわめて今日的な課題である。　多面的・多角的な考察の重要性を説きながら、日本政府の主張を一方的に記載させようとすることは大きな矛盾であり、偏狭なナショナリズムの温床ともなりかねない。生徒の自

特集2 高校学習指導要領改訂と教科書

由な議論、討論を保障するためにも、領土問題で政府見解を一律に記載させることには、問題があるのではないだろうか。いわゆる近隣諸国条項にも抵触する問題である。

また歴史総合では、「日本の近代化や日露戦争の結果が、アジアの諸民族の独立や近代化の運動に与えた影響……」とあるが、その評価はきわめて一面的な解釈であり、学問的に成り立つのだろうか。多面的・多角的な考察を重視させ、「歴史に関わる諸事象には複数の解釈が成り立つ」とする学習指導要領の内容とも矛盾する。歴史学の研究水準を踏まえれば、一方的な規定ではないだろうか。

4．教科・科目の冒頭にある「見方・考え方」の定義が示されていない

教科の目標の冒頭には「社会的な見方・考え方を働かせ」とあり、地理総合および地理探究の目標の冒頭には「社会的事象の地理的な見方・考え方を働かせ」、歴史総合および日本史探究・世界史探究の目標の冒頭には「社会的事象の歴史的な見方・考え方を働かせ」とある。そもそも「地理的な見方・考え方」、「歴史的な見方・考え方」とは、どのような見方・考え方を指すのだろうか。その定義がなく、きわめて抽象的な表現となっている。前述したように、この説明は、その後発行された学習指導要領解説でなされている。これだけ分量を増やした学習指導要領で、「見方・考え方」に関する説明がないのは、いかにも不可解である。

（3）公民科の特徴

1．戦後民主教育の象徴「高校社会科」最終的解体を目論む公民科改悪

公民科の文字量も、現状の倍近い。「大綱的基準」などといえる量ではない。地歴科では「世界史」という科目名が消え、公民科では「現代社会」が消え、「公共」が新設された。また、公民科には、道徳教育への配慮が強制された（「高等学校学習指導要領解説　公民編」p.10）。

地歴科をコピペしたかのように、「技能を身に付ける」「議論する力を養う」「多面的多角的に考

察」「思考力」「判断力」「表現力」などの術語が並ぶ。これらは、授業や教科書づくりに多大な影響を及ぼすだろう。

公民科では、それ以上に次期学習指導要領の特徴として、戦後民主教育の特色の一つである「高校社会科」の最終的解体につながる可能性を強く指摘せざるをえないという観点を挙げておく。

そもそも「（戦後）……特に新しい科目として登場した社会科や家庭科……などは、指導の基準となるものがなくては、授業を始めることができなかった。（昭和）二十二年春に学習指導要領一般編を配布し、続いて各教科別の学習指導要領をつくった。しかしこの指導要領の作成はわが国においてはじめてのことであり、…暫定のものとして急いで編集してまとめた。その際にアメリカ各州のコース・オブ・スタデイも参考に」（文部科学省ホームページ「学制百年史」より抜粋）してはじまったのが、「公民科」の淵源である。当初の「高校社会科」は、「一般社会」・「人文地理」・「東洋史」・「西洋史」・「時事問題」という科目構成であった。文部省（当時）も学校現場も教科書執筆者・編集者も、「社会科」の具体的な内容およびその編成・指導法について試行錯誤を重ねた。現場は混乱した。つまりは、戦前教育下の「修身」「歴史」「地理」の呪縛が強固であり、そこからの解放は容易ではなかったということだ。また、支配層からは（アメリカの模倣では）日本社会の現実を無視しているとの批判も出た。

文部省は、社会科の基本的なねらい、すなわち憲法・教育基本法〈1947年法〉に依拠し、民主的で平和的な国家・社会の形成者として必要な資質の育成は正しいとしながらも、学習指導要領の不備を認めて、改訂に着手した。「国史」は「日本史」となり、「西洋史」でも「東洋史」でもない「世界史」が設けられた。「人文地理」は自然地理も内容とする「地理」へと編成された。「一般社会」と「時事問題」は「倫理社会」と「政治経済」へと再編された。

1951（昭和26）年改訂以降、学習指導要領は、ほぼ10年ごとに改訂されてきた。改訂の度に出発時の民主教育の精神は希薄化していったが、現

教科書レポート2018 —No.61—

場の実践および教科書づくりが、「教え子を戦場に送らない」社会科を構築してきた。

78年度改訂は、そうした現場・教科書の実践を抑止することをめざすものだった。社会科公民分野に「現代社会」が新設されたのである。「現代社会」は、1年生の必修科目（4単位）とされた。それまで必修だった「倫理社会」「政治経済」（いずれも2単位）は、2・3年生の選択科目に格下げされた。引き続いて通史を学ばない日本史A・世界史A（いずれも2単位）が導入されるなど「社会科解体」が順次強行されてきた。それでも学校現場も教科書づくりも、戦後教育の象徴である社会科の実践・蓄積を生かし、「解体」の思惑を換骨奪胎する努力をしてきた。

次期学習指導要領は、とりわけ公民科については、上記のような戦後民主教育・社会科の実践・成果・流れを途絶させ、こともあろうに公民科に義務教育における「特別の教科　道徳」の役割を担わせようとしている（p.28）。

2.「現代社会」の40年間を踏まえ、公民科改悪を乗り越える教科書づくりを

40年前、「現代社会」の初めての教科書検定は、不合格こそなかったが、異例であった。ほとんどすべての白表紙本に、長時間にわたり多数の修正・改善指示がなされた。A5判400ページの白表紙本に、のべ15時間におよぶ指示が言い渡された例があったという。ただ、いまの検定制度と決定的に異なるのは、長時間・多数の指示≒検閲的検定であったとしても、その指示への対応を条件として検定「合格」であったということだ。（『教科書レポートNo.25』など参照）。

新設「公共」は、「現代社会」と比較対照されている（文科省ウェブサイト参照）。特徴の一つは、「公共」には「日本国憲法」という文字がないことだ。「憲法の下、適正な手続き…」「…社会は、憲法の下、個人が…」という文言はあるが。

「現代社会」でしばしば話題となった「畏敬の念」は、「公共」では「個人や社会全体の幸福」とか「公共空間」という文字に変換されている。

「公共」は、「倫理」「政治経済」の内容と重複

しつつ、学習者が「現実社会」で「自立した主体として活動するために必要な情報を適切かつ効果的に収集し、読み取り、まとめ…」「…具体的な主題を設定し、合意形成や社会参加を視野に入れながら、……協働して考察……表現」することを求めている。背景には、投票権年齢、成年年齢の動きがある。

だが「解説」では、上記について「自身が置かれている環境や立場を踏まえ、主体的に判断しながら、自分を社会の中でどのように位置づけ、社会をどう描くかを考え、他者と一緒に生き、課題を解決していく「人物像」が想定されているなどと解釈されている。

一見妥当に見えるが、憲法の軽視ははなはだしく、批判を免れない。戦後の教育実践で練磨されてきた高校社会科各科目の最終到達点は、日本国憲法の基本諸原則・立憲主義・基礎的経済理論の理解である。

ところが次期学習指導要領は、そうした戦後社会科教育の蓄積・実績から生徒を遠ざけ、ひたすら現状に従順で「どのように社会・世界と関わり、より良い人生を送るか」を目指すべき資質・能力とする。穿ちすぎかもしれないが、日本国憲法はもうすぐ改憲だし、現状・現実は素直に（無批判に）受け容れ、グローバル経済やメガコンペティションに勝ち抜く経済戦士になってほしいというところが本音ではないか。

教科書づくり・授業づくりは、次期学習指導要領の目論み、PISA型学習・「人材」育成の本質を洞察し、あるべき姿を追求すべきだろう。ただし、検定制度や学校の管理制度は、切れ目なく、詳細な監視・統制機能を持っている。教科書づくりでは、「不合格」にできないというハードルもある。「自粛」「従順」不可避の実態の中で、どれだけ日本国憲法の理念を伝える教科書づくり・授業を実践できるか。正念場だ。

（4）数学の特徴

1．内容増による負担増

現行の学習指導要領でも、内容が多く、消化しきれないという生徒・教員の声があったが、今回

の改訂では、単位数を変更しても内容削減を行っていない。むしろ、「期待値」や「仮説検定」、日常場面での数学的活動などが明記され、内容は確実に増えている。これは、現場の実態に即していないのではないだろうか。高校生・教師にとっては、負担が増え、結果、内容の未消化となる危険性があると言える。

２．コンピュータの使用の明記

たとえば、数学 I の（3）二次関数の中に、「（ア）二次関数の式とグラフとの関係について、コンピュータなどの情報機器を用いてグラフをかくなどして多面的に考察すること」とあり、コンピュータの活用を明示している箇所が随所に書かれている。数学でコンピュータを活用することは確かに有効であるが、一方で、コンピュータが普段の数学の授業で使える学校はどれくらいあるのだろうか。コンピュータルームは情報の授業等で常に埋まっており、また、プロジェクタや Wi-Fi 環境の設備も整っていない学校も多いのではないだろうか。また、タブレット PC の普及も遅れている感が否めない（p.15 以下参照）。

そのような状況の中で、解説書ならともかく、学習指導要領でコンピュータの活用を随所でうたうのはいかがなものか。家庭の経済格差が、学力格差を生む危険性すらはらんでいる。

３．統計偏重よりも自由度を

今回の改訂で、ベクトルが数学 C に移動した。大学入学共通テストの出題範囲が、数学 I・数学 A と数学 II・数学 B であるから、ベクトルは実質、理系に移ったことになる。そして、数学 B には「統計的な推測」が残り、統計の履修率を上げようというねらいが透けて見える。統計も大切な分野であるが、ベクトルも同じく大切な分野である。これまで文系の生徒もベクトルを学んだのは何のためだったのだろうかという疑問が残る。

もっと生徒一人ひとりの興味にあった、自由度の高い学習指導要領であってほしいと切に願うものである。

（5）外国語（英語）の特徴

１．説得力のない二分割

現行の 4 領域（技能）のうち、「話すこと」が義務教育同様「話すこと〔やり取り〕」と「話すこと〔発表〕」に二分割された。しかしその根拠は、中央教育審議会（中教審）答申などで「国際的な基準」であるとして CEFR（Common European Framework of Reference for languages。ヨーロッパ言語共通参照枠）に言及している以外、特に示されていない。海外の言語環境の異なる状況下での言語習得理論を援用しているが、日本における外国語教育でも有効なのかどうかについては検証されておらず、説得力を欠く。外国語（英語）の学習指導要領は、改訂のたびに、依拠する言語習得理論も変更されてきた。しかしそれらの理論はいずれも言語環境が日本とは著しく異なる国で作られたものだ。

２．英語嫌いに拍車がかかるのでは？

また、「英語コミュニケーション I」は 2 単位履修も可能としたうえ、いわゆる「英会話」的な「コミュニケーション」に偏った科目であり、これだけを履修する生徒は英語を総合的に学習することを放棄し、学力格差を容認する科目設定なのではないか。

一方、小学校高学年における外国語（実質的には英語）の教科化に伴い、小学校から高校までで取り扱う語数が最大で 2,800 語も増えている。特に高校段階では小学校からの「しわ寄せ」がすべて押しつけられることになり、英語嫌いの生徒の増加にさらに拍車をかけることになるのは明白である。

さらに、中学校に続いて英語学習は英語で行うことを基本とするとしているが、言語（外国語）習得に関するいかなる知見に基づいているのか不明である。もしこの方針をストレートに受け止めれば、日本語が一切書かれてない教科書が学習指導要領の方針に最も忠実で良いものだということになるが、それは教室の実態に照らせば、およそ現実離れした話であるというほかない。

3 ▶ 高等学校の教科と科目 新旧比較表（専門科目を除く）

現行学習指導要領			新学習指導要領		
教科	科目	単位	教科	科目	単位
国語	国語総合	4	国語	現代の国語	2
	国語表現	3		言語文化	2
	現代文A	2		論理国語	4
	現代文B	4		文学国語	4
	古典A	2		国語表現	4
	古典B	4		古典探究	4
地理歴史	世界史A	2	地理歴史	地理総合	2
	世界史B	4		地理探究	3
	日本史A	2		歴史総合	2
	日本史B	4		日本史探究	3
	地理A	2		世界史探究	3
	地理B	4			
公民	現代社会	2	公民	公共	2
	倫理	2		倫理	2
	政治・経済	2		政治・経済	2
数学	数学I	3	数学	数学I	3
	数学II	4		数学II	4
	数学III	5		数学III	3
	数学A	2		数学A	2
	数学B	2		数学B	2
	数学活用	2		数学C	2
理科	科学と人間生活	2	理科	科学と人間生活	2
	物理基礎	2		物理基礎	2
	物理	4		物理	4
	化学基礎	2		化学基礎	2
	化学	4		化学	4
	生物基礎	2		生物基礎	2
	生物	4		生物	4
	地学基礎	2		地学基礎	2
	地学	4		地学	4
	理科課題研究	1			
保健体育	体育	7〜8	保健体育	体育	7〜8
	保健	2		保健	2
芸術	音楽I	2	芸術	音楽I	2
	音楽II	2		音楽II	2
	音楽III	2		音楽III	2
	美術I	2		美術I	2
	美術II	2		美術II	2
	美術III	2		美術III	2
	工芸I	2		工芸I	2
	工芸II	2		工芸II	2
	工芸III	2		工芸III	2
	書道I	2		書道I	2
	書道II	2		書道II	2
	書道III	2		書道III	2
外国語	コミュニケーション英語基礎	2	外国語	英語コミュニケーションI	3
	コミュニケーション英語I	3		英語コミュニケーションII	4
	コミュニケーション英語II	4		英語コミュニケーションIII	4
	コミュニケーション英語III	4		論理・表現I	2
	英語表現I	2		論理・表現II	2
	英語表現II	4		論理・表現III	2
	英語会話	2			
家庭	家庭基礎	2	家庭	家庭基礎	2
	家庭総合	4		家庭総合	4
	生活デザイン	4			
情報	社会と情報	2	情報	情報I	2
	情報の科学	2		情報II	2
			理数	理数探究基礎	1
				理数探究	2〜5
総合的な学習の時間		3〜6	総合的な探究の時間		3〜6

34　　　　　　　　　　　　　　　　　　　　　　　教科書レポート 2018 — No.61 —

前川喜平氏 大いに教科書を語る

―教科書検定は公開かつ独立機関で、採択は学校ごとに―

　教科書制度改善について、本誌前号では元教科用図書検定調査審議会委員・上山和雄氏（國學院大學名誉教授）に、検定制度について実体験と改善案を伺った。今号では、元文部科学事務次官の前川喜平氏にインタビューした。前川氏は検定に加えて採択制度の問題点やその背景についても大いに語ってくれた。

採択は学校ごとに行うべきだ

――まず採択制度について伺います。私たちは、教科書は授業を行う先生が選ぶべきだと考えますが、いかがでしょうか。

前川　学校には教科の先生がいるわけですから、それぞれのカリキュラムに応じて選ぶことがよいと思います。先生だけではなく、保護者の意見が入ってもいいと思う。例えばコミュニティースクールなどでは、学校運営協議会のようなところで、先生も入って選ぶのがいいんじゃないかと。

――共同採択制度のもとで、学校採択に近づけるにはどのような改善が考えられますか。

前川　以前は、郡内の町村は単一の採択地区を設定できず、郡単位で共同採択しなければならないという、非常に不合理な仕組みがありましたが、2014年に教科書無償措置法の改正によってその縛りをなくしました。都道府県教育委員会の判断で、採択地区を市町村単位にすることができるようになった。それで沖縄県八重山地区では、竹富町が独立で採択できたわけです。
　改善としては、市町村にばらしたうえで、市町村が各学校に委任するような形が取れれば、学校採択に近づけることができると思う。それは今すぐにでも都道府県教育委員会の判断でできる。

――ばらした場合、学校数が少ないため先生も少なく、調査・研究がやりづらいのでは、という意見もあります。

前川　学校の先生には、教科書を選ぶ能力は十分あると思いますよ。大綱的な基準の学習指導要領はあり、教科書だってそれに従うのですが、学校ごとに子どもたちの実情、地域ごとの実情は違うわけだから、カリキュラム編成は千差万別でよいわけです。例えば東京都品川区では「品川区教育要領」というのをつくって、これを統一したカリキュラムとしていますが、それだって学校の教育課程編成権を侵すことはできないはずです。包括的な指導はできても、教育課程の編成をするのは学校です。文科省は最近、学校ごとのカリキュラム・マネジメントが必要と言っているんです。であるならば、学校に最もふさわしい教科書は、カリキュラムを編成して

いる人が考えるべきだと思う。

——文科省は、広域制度を正当化する理由の一つに「引っ越ししても同じ教科書が使えるため」と挙げていますが、どうなのでしょう。

前川 引っ越しなんて全然理由になっていないですね。もともと理由なんてなかったんです。あえて探せば、特色のある教科書を採択させない、あるいは教育上の判断ではなくて、政治的な判断で採択がなされる危険性に対しての相互監視だと思いますよ。

——採択地区は小さいほどいいと思います。

前川 そうですね。小さい方がいいですよ。だって横浜市なんて国みたいな規模じゃないですか。ヨーロッパではあのくらいの国、たくさんありますよ。何百校もある学校で同じ教科書というのは、どう考えてもおかしいですよ。

——京都市も広島市も川崎市も、市内に複数の採択地区を置いたのに、また統合されました。

前川 規制改革会議から、自由に競争させるということで、学校採択にすべきだと言われていたんですね。彼らと考え方は違いますけど、期せずして結論は同じになったんですね。意図は何であれ学校採択にすることは、いいことだと思うんです。私は、こういう点では新自由主義と相乗りできるんです（笑）。結果オーライということですね。国家戦略特区でやってみたらどうだろうか。教育委員会採択ではなく学校採択にする特区に（笑）。

——90年代のはじめ、自民党の文教族が広域採択や高校検定はやめろと言っていた時期があります。

前川 ありましたね。私が秘書官をやった大臣に、与謝野馨さんがいました。文教族ではなかったけど教育政策にはかなり規制緩和の考え方を持っていて、高等学校の教科書検定は要らないと、ずっと言っていましたよ。学習指導要領も要らないんじゃないかとも。

高等学校は、学校外の学修に対する単位認定を大幅に認めているから、ある意味単位認定とか卒業認定とか、学位授与機関という意味が強い。臨教審以降そういう方向になったんだけど、そうすると、そもそも高等学校学習指導要領の法的拘束力って何だ、何か意味あるのかということになる。大本の制度を弾力化しているのだから、学習指導要領も教科書検定も要らないだろうと、私は思っています（笑）。

——いまのお話、とても魅力的なのですが、役所の中ではそういう話にはならないのですか。

前川 ならないですね。ただ、制度の根本のところの弾力化というのは相当進んできているんです。高校でも、いま言ったような、学校外の学習を高等学校教育として認める。小中学校だって不登校の子どもがフリースクールに行っていても、指導要録上は出席扱いとなっていますからね。

これは80年代の終わりに、文部省の指導でそうしてきた。背景には、卒業証書をもらえないという事態があちこちで起きており、それが人道上問題ではないか、中卒の資格すら認められないことが、後の人生において非常にマイナスだと言われた。学校に来ていなくとも、卒業証

前川喜平氏大いに教科書を語る　―教科書検定は公開かつ独立機関で、採択は学校ごとに―

書を出した方がいいと。

　最近では2016年12月に教育機会確保法ができて、不登校の子どもたちの学校外での学習の重要性を認めたわけです。その他にも、不登校の子のための不登校特例制度というのもあります。これで、ものすごく弾力的なカリキュラムが組めるわけです。

　夜間中学についても特例制度ができました。2017年3月に学校教育法の施行規則を改正して、夜間中学については、はっきり言って何でもありということにした。それぞれ生きてきた経験が違うから、一人ひとりの経験に合わせて柔軟なカリキュラムを組めるようになった。

　さらに、一般的な教育課程特例制度というのがあり、教科ごとの縦割りの学校教育法施行規則に書いてある教科にとらわれなくていい。教科と教科を一つにする「合科」が可能なわけです。逆に一つの教科を二つに分けることもできる。

　「技術・家庭」は一つの教科になっていますが、私は「保健・家庭」にすべきだと思う。技術と家庭が一つの教科なのは、便宜的にそうなっているだけであって、保健は、養護教諭がやったほうがずっといいです。養護教諭が保健をやっていいことになっているんです。養護室を特別教室みたいにしてね。「保健室の先生が保健を教える」でいいじゃないですか。技術は理科とくっつけて、「科学・技術」にすればいい、と僕は思っている。

　何が言いたいかというと、教育課程特例制度を使って、学校教育法の縦割りで定められた教科ではない教科をつくった場合、私が局長の時に確認した限りでは、いまの教科書課の考えは、そうやって新しい教科をつくった場合、教科書使用義務が消える、と言うんです。なぜなら、該当する教科書がないから。品川区は教育課程特例制度を使って市民科というのをつくっているんですよね。市民科というのは、道徳と総合的な学習の時間を合わせている。道徳だけの時間ではないので、道徳教科書の使用義務はかかっていないと思うんです。この教育課程特例制度というのは、かなり弾力的に使えるんですよ。教科書が売れなくなって大変かも知れないけど。

　そういうふうに、学校制度の根っこの部分でかなり弾力化は進んでいるんだけど、採択制度など教科書の制度が追いついていないということではないでしょうか。

検定公開して透明性を確保すべきだ

―教科書検定制度は必要ですか、必要だとすればそれはなぜですか。

前川　私は、高校についてはなくてもいいと思っています。小中については、あっていいんじゃないかと。検定制度というのは、本当にミニマムのチェックをするだけであって、誘導してはいけないと思う。

　いまの検定基準、私が局長の時に改正したんですけどね、政府見解を必ず書けというのは、非常に問題だと思っているんです。しかも領土については、「固有の領土だ」と書けとなっている。そうではなくて「日本政府はこれこれの理由で固有の領土だと主張している、一方、どこどこ政府は、これこれの理由で自分たちの領土だと主張している」。そう書くべきであって、政府の見解をそのまま地の文章で書くのはよくないと思う。政府の見解を知らなければ批判することもできませんから、政府の見解を批判の対象として、客観的事実として書くのはいいでしょう。それを「竹島は誰が何と言おうが日本の領土なんだ」というふうに教科書に書くのはどうかと思います。

　そこは教育の根本に帰るんですが、自分で考えるということが大事なんだから、どんなことであれ、一つの考え方を押しつけたり、すり込んだりするのはよくないんですよ。

　ただ検定については、我が国は神武天皇から始まったみたいな、とんでもない教科書が出てきかねないから、いまの世の中、それは科学的

教科書レポート2018　―No.61―　　37

には成り立たないですよと、排除する仕組みは
必要ではないかな。

——ドイツやノルウェーでも教科書内容の
チェックはありますが、いずれも政府の職員が
検定をやっているわけではないそうです。

前川　私も、文部科学大臣が検定するというのは
どうかと思います。まず教科用図書検定調査審
議会の人選で、文科大臣がいくらでも好きな人
を選べるというのではなくて、例えば日本学術
会議の各分野の代表に選んでもらうとか、学問
的中立性、学問的客観性が担保できるやり方を
する。検定は、学問体系に照らして妥当性をみ
るわけで、バランスを欠いていないかとか、間
違ったことを書いてないかとかをチェックす
る。そうであるならば、学者の代表が見るべき
なんですね。教科書調査官も、辞める人が次の
人を推薦するのではなく、もう少し公正な選び
方があってもいいんじゃないか。

——私たちは最終的には検定は廃止がいいだろ
うと思うのですが、最低でも第三者が行うこと
が必要だと考えます。

前川　政治の影響力を排除した形で、検定する主
体そのものを審議会にしてしまう。審議会が検
定するんですよと。つまり国家行政組織法の３
条機関とする。これは自ら行政処分をする権限
を持っている機関のことで、公正取引委員会な
んかがそうです、つまり教科書検定をする権限
を持っている機関です。文部科学大臣とは別の
機関とするのです。
　　私は学習指導要領もそうしたらいいと思う。
中教審が、教育課程の基準を決める権限を持つ
のであって、文科大臣ではないんだと。そうす
れば政治的な、恣意的なものが入り込む危険性
は減ると思うんです。それぞれの分野の代表的
な人が入っているので、教育再生会議のように
お友達ばっかりにするわけにはいかないんです
よ。

——検定を独立した機関で行うとしたら、その
メンバーはどうやって選んだらいいでしょう
か。

前川　推薦母体をいくつか分けるとか、委員の任
期をずらすとか、特定の政権がごっそり入れ替
えることができないようにするとか。少なくと
も半分くらいの委員は日本学術会議の推薦を必
要とするとか。自然科学、人文科学、社会科学、
それぞれの分野で何人かずつ推薦してもらい、
国会同意人事くらいにすれば少し慎重になるん
じゃないですか。まあ、それでも政権与党は好
きな人を選べるけど、野党のチェックの機会が
できます。

——我々は検定過程の公開を求めていますが、
文科省は「公開すると静謐な審査環境が損なわ
れる」と言います。これをどう思われますか。

前川　「静謐な審査環境が損なわれる」と言うな
ら、その挙証責任は国にあると思いますよ。弊
害がないのであれば、透明性を高めた方がいい
ですね。まあ「静謐な環境」というのは、隠蔽
するための言い訳ですよね。むしろ静謐にしな
い人を何とかするべきでしょう。街宣車に乗っ
てガアガア言っている右翼なんかをね。

——昨年の本誌で行った上山和雄先生へのイン
タビューでも、「検定は公開でやるべきだ」と
おっしゃっていました。

前川　やっぱり、オープンであるべきですよ。教
科書は国民的な関心事だと思います。

教科「道徳」は「個と地球」が欠けている

——「道徳」の教科化についてはどう思われま
すか。

前川 今年からの道徳は国民的な議論が必要だと思います。そもそも、道徳に検定教科書を充てるということに問題があると思います。検定しようがないじゃないですか。文科省は「考え、議論する道徳」と言っています。これが真実です、真理です、と教えるのではない、答えは一つではないとか、正解がない問題を考えるのが大事なんだとか。

いままでの検定では、その教科の背景に人類が培い集積してきた学問や文化の体系があったから、それに照らして教科内容を見ていくことはできました。しかし道徳というのはそもそも検定になじまない分野だと思うんですよね。

そもそも道徳を学校で扱うことに疑問を持っています。学校で扱えるとしたら、憲法的価値に基づくものであれば扱えると思います。個人の尊厳とか、基本的人権の尊重とか、自由とか平等とか、あるいは議論してみんなでルールを決めていくとか、民主主義の基本的原理とか、平和主義とか。憲法がこういう国をつくるんですよと言っている価値観がもともとあるんですから、この憲法的価値を実践するという意味での道徳なら、国が学習指導要領に定めてもいいと思うし、それに則って教科書をつくるというのもいいと思う。

それなのに、父母や祖父母を敬えとか、郷土や国を愛せとか、これらは憲法からは出てこない価値ですよ。逆に個人の独立性とか自由とか自主性とかは（学習指導要領に）全然出てこない。それから、地球全体とか人類全体という視野も全然ないですね。私は「個と地球の欠落」と言っているんですね。これが欠落していて、集団への帰属が強調されている。いちばん大きい、大事な集団は国家なんですね。国家より広がってはいかないわけです。人類、世界、地球が出てこない。

——日本教科書の道徳教科書は、文科省の『私たちの道徳』に非常に忠実につくっていると思います。

前川 あれ、私が局長の時につくったから泣きたくなるんですけど、下村さん（下村博文。文科大臣・当時）の鶴の一声でつくらされたんです。そもそも、あんなものつくるつもりはなかったんですから。

（道徳を推進するのは）昔の国体思想を復活させようなんていう人たち。ありえないよ。ドイツがネオナチに非常に警戒心を持っているのに対し、戦前のファシズム思想に対して日本人はあまりに無警戒です。もともとそういうファシストが、戦後生き残ってしまったから悪いんですけどね。ドイツだったら絶対公職に復帰できなかった、岸信介とか、そういう人がのうのうと生き延びて、権力を握ってきたという歴史があるからいけないんですよね。岸信介の後は、政治の時代ではなくて経済の時代だというので、憲法問題なんかを声高に言うのはやめようと。それが鈴木善幸までそうだったんですよ。その後、中曽根康弘氏がまた憲法改正だ、そのためにはまず教育基本法改正だと言い出した。でも、彼の周りにそういうことを突出させない力と人材があった。中曽根内閣の官房長官が、後藤田正晴さんだったみたいにね。待ったをかける人がいた。

だから中曽根さんは、自分が思うような教育改革ができなかったし、臨教審は裏目に出ました。中曽根さんは、臨教審で教育基本法の国家主義的改正をしたかったんだけど、それは憲法改正の予備段階だという位置づけだったんだけど、結局、臨教審は教育基本法には踏み込まなかったわけですから。我々にとってみると臨教審ってものすごく重要で、個性重視の原則とかね、個性重視の原則って個人の尊厳から始まっているんですから。個人の尊厳、個性の尊重、自由・自律・自己責任の原則など、国家ではなく個人の方を向いている。個人が大事だという教育改革の理念だし、生涯学習体系への移行というのは、学習者の主体性を大事にするという考え方です。個人の尊厳とか学習者の主体性を根本に置いて教育を見直していこうと、そういう方向性を打ち出したという点で、僕らにとっ

て福音だったんですよ。臨教審の答申に基づいてやっていると主張すれば、やっていけた。だから中曽根さん自身は、臨教審は失敗だったと言っているわけです。教育基本法の改正にまったく踏み込まなかったですからね。

　中曽根さんができなかったことをやろうとしたのが、森喜朗さんで、中曽根内閣の時の文部大臣です。その後小泉内閣で文部大臣になったのが、遠山敦子さん。2年半くらいやっていましたが、遠山さんは文部官僚出身だし、極端に右に行ってはいけないと思っていたんですね。だから教育基本法の改正には消極的だったはずです。だけど遠山さんを大臣に推薦したのは、森さんでした。だから、森さんの意向にまったく沿わないというわけにもいかなかった。だから、ある程度教育基本法改正の動きも取ってはいましたが、ゆっくり、ゆっくり、やっていました。ゆっくり、時間をかけて中教審で議論してくださいねと。あわよくば議論の結果、時期尚早で先送りできればいいと思っていたんじゃないかな。その時、官房副長官にいたのが安倍晋三さんですね。

——戦前的な価値観を教育したいという要求が歴代首相に継承されていたのですね。

前川　私はこれを「国体思想の系譜」と呼んでいるんです。戦前の国体思想をすり込まれた人間が、戦後も生き残って、しかも権力を握っている。それが岸信介、中曽根康弘、森喜朗、安倍晋三だと思うんです。1935年（昭和10年）に天皇機関説事件があったんですが、ちょうど同じ頃国体明徴運動があって立憲主義を排斥しているんです。この国体明徴運動が昭和10年代を支配した。その時に大事な時期を過ごしている人たちなんですよ、この岸信介とか中曽根康弘は。

　岸信介は、国体明徴運動のもとになった上杉慎吉という憲法学者の愛弟子だった人です。岸信介は、国体思想の権化のような人の愛弟子だったわけです。中曽根康弘さんは、大学に入っ

たのは1930年代後半で、美濃部達吉が排斥された後なんですね。1937年（昭和12年）は、文部省が『国体の本義』を出す年です。同じ年に日中戦争が始まっています。私は『国体の本義』をじっくり読んでみたことがあるんですが、まあ、読むに堪えない文章ですけど、ちゃんと読んでおく必要はあると思うんです。

　『本義』は特に個人主義を完全に排撃しています。個人が個人であるだけで価値があるというのは間違っている。日本人は悠久の歴史の中で培われた日本民族の一員として存在することに意味がある、歴史的・伝統的な存在なんだと。歴史の中に存在することを忘れてはいけない。自分が自分として、個人として存在しているなどという考えは間違っていると。はっきり言って民族主義ですね。中曽根さんが、あちこちでしゃべっているのは、これとそっくりですよ。特に個人主義を排斥していますよね。18歳、19歳の頃に触れた思想が彼の基盤になる考え方なんですね。悠久の歴史によって形成された日本民族、それがこの国の実態なんだというわけです。

——まさに、道徳の学習指導要領に、それが生きているように思います。

前川　生きていますよ。

——権利が書いてあるところは、必ず義務がセットになっている。集団の一員として、その集団が正当なものなのかは問わず、とにかく従えと言う。法は批判してはいけないとしていますね。

前川　そう。1958年の岸内閣の時の松永東文部大臣のときに「特設道徳」が始まったわけです。後追いで学習指導要領をつくったんですが、（今回のと比較すると）まだ1958年の方がよかった。いまおっしゃった、決まりを守るということに明らかな違いがあって、1958年の学習指導要領では「自分たちで作るきまりを守る」と書いてある。つまり、ルールをつくるのは自分

たちなんだということです。民主的なプロセスを経て、自分たちがつくったルールは、自分たちが守ると。自治ですよね。ところがいまの学習指導要領は、自分たちが決めたということが何もないのです。むしろ、決まりは進んで守ると言う。忖度せよと。岸内閣のときと比べても後退している。後退というか、全体主義的な方向が強まっている。

「忖度」で言えば、沖縄の集団自決の問題は、文部科学省の忖度ですよ。あれは第一次安倍内閣のときですよね。安倍さんは、そもそも中川昭一さんなんかと一緒に、教科書にずっと文句つけてきた人です。それに迎合した役人がいたんですよ。あれは教科書調査官がやったことではなくて、事務官がやったことです。確定判決があるならともかく、訴訟を起こされているなんてことは、何の根拠にもならない。それに基づいて軍の関与はなかった、軍が関与したと書いちゃいけないと。あれは、役人がやっちゃいけないことを、やってしまったということなんですよ。

小さい出版社でも成り立つように価格改善を

――教科書の価格問題に移りたいと思います。実は教科書価格はものすごく安いんです。経済的に締め上げて発行を断念させ、教科書の種類を減らすという政治的なねらいがあると思います。

前川 小さい出版社でも教科書をつくって、事業が成り立つようにすべきだと思いますよ。いまの、国が全部買って配るということを前提に考えるのなら、民間の出版事業と比較考量しながら、客観的にこの程度が適正だと勧告する機関があってもいいんじゃないかと思いますね。高等学校についても無償化を進めていくのが大きな流れとなっているのは間違いないです。国際人権A規約（社会権規約）の「漸進的無償化」については留保を撤回しました。その中に教科書の無償化もあると思いますよ。高校の教科書については、奨学給付金制度ができて、一定の公費支援というか公費補助が導入された。低所得層に対しては、教科書が買えるように支援しましょうと。不十分ですけど、奨学給付金制度というのは第二次安倍内閣でやったいい仕事でした。私が局長のときですけど。

使用義務を課していながら、教科書代を取るというのは、やはりおかしかったんですよ。教科書無償というのは、憲法26条2項に基づく義務教育無償の精神を広げたものだといった主張ができると思います。

――日本の教育や教科書検定について、国連の人権機関から改善勧告が出されていますが、文科省の中では議論されているのでしょうか。

前川 ほとんど無視していますよね。国連人権理事会に対して、いまの日本政府はきわめて敵対的ですよね。欧米諸国と人権や法の支配や共通の価値を共有しているようなことを言うけれども、していないんじゃないかと思います。

――最後に、教科書労働者にメッセージをお願いします。

前川 売れなくても我慢して作り続けてほしい（笑）。政治の傾向に迎合して、心ならずもつくるということがあるのかも知れないけど、なんとか教科書出版者としての良心を保っていただきたいと思います。

――本日は長時間ありがとうございました。

（文責＝編集委員会）

国連人権機関の勧告に強硬姿勢で臨む日本政府

―子どもの権利条約第4・5回政府報告で教科書検定制度とその実態を正当化―

拒否と開き直りの政府報告

本誌前号で、国連人権理事会特別報告で、デヴィッド・ケイ特別報告者が日本の教科書検定制度の問題点を指摘し、是正を勧告したことを報告した。その後、昨2017年6月、日本政府は子どもの権利条約第4・5回報告（以下「報告」）を国連子どもの権利委員会（以下「委員会」）に提出した。教科書検定制度にも言及している。

報告は、全体として、第3回報告に対する委員会の総括所見（以下「総括所見」。外務省仮訳では「最終見解」）に対する反論と拒否に加え、開き直りという表現が相応しい内容であった。有り体にいえば、委員会に「喧嘩を売った」といえるような内容である。

「総括所見」では、全91パラグラフ（パラ）中、「歓迎」（文字どおりの「外交辞令」も含めて）を示したものが5、「留意」「懸念」「勧告」が83に上る。たとえば「高度に競争的な学校環境」（パラ70）の是正勧告に対し、こう述べて開き直っている。

123. なお、仮に今次報告に対して貴委員会が「過度の競争に関する苦情が増加し続けていることに懸念をもって留意する。委員会はまた、高度に競争的な学校環境が、就学年齢にある児童の間で、いじめ、精神障害、不登校、中途退学、自殺を助長している可能性がある」との認識を持ち続けるのであれば、その客観的な根拠について明らかにされたい。

新学習指導要領総則（義務教育・高校とも）では「グローバル化」への対応を基調の一つとしているが、実際の対応はこのような強硬姿勢で、いわば国連に「喧嘩を売った」に等しい。日本政府のいう「グローバル化」の中には、人権のグローバル化は含まれていないらしい。

教科書検定は正しい、問題記述は発行者の責任

教科書については、「総括所見」はパラ74、75で述べていた。

「報告」はこれに反論して、パラ128で述べている。長くなるが、正確を期すため、全文引用することにする。

128.（最終見解パラグラフ74、75）我が国で小・中・高等学校等の教科書について採用されている教科書検定制度は、国が特定の歴史認識、歴史事実を確定するという立場に立って行うものではなく民間が著作・編集した図書の具体の記述について、政府外の有識者をメンバーとする教科用図書検定調査審議会が、検定の時点における客観的な学問的成果や適切な資料等に照らして、明らかな誤りや著しくバランスを欠いた記述などの欠点を指摘することにより実施されている。その際、他国を尊重し、国際社会の平和と発展に寄与する態度を養うことを目標に掲げる教育基本法や、近隣のアジア諸国との国際理解と国際協調の見地から必要な配慮がなされていること等を内容とする教科用図書検定基準等に基づいて審査が行われている。そのため、「日本の歴史教科書が、歴史的事件に関して日本の解釈のみを反映しているため、地域の他国の児童との相互理解を強化していない」との懸念は当たらない。

日本政府としては、歴史教育の適切な実施等を通じて、児童生徒が我が国及び世界に対する理解を深めるよう努力するとともに、近隣諸国をはじめ諸外国との相互理解、相互信頼の促進に努めている。

900字以上を費やして主張しているのは、要するに、教科書検定はまったく正しいものであり、問題のある記述はすべて発行者に責任があるということにすぎない。これがいかに事実を偽っているかは、誰の目にも明らかだろう。

出版労連、委員会に情報を提供して反論

この政府報告があまりに教科書検定の実態とかけ離れているため、出版労連は国際人権活動日本委員会を通じて委員会に情報提供を行った。その要点は次のとおりである（原文は英語）。

(1) 検定制度の実際と問題点の紹介
　①教科書記述は「法的拘束力を有する」とされる学習指導要領に適合していなければならないこと、
　②そのために検定が行われ、合格しなければ教科書として発行できないこと、
　③その検定に実質的にあたっているのは文部科学省の職員である教科書調査官であるため中立性を欠いていること、
　④検定基準には「閣議決定その他の方法により示された政府の統一的な見解又は最高裁判所の判例が存在する場合には、それらに基づいた記述がされていること」という条項が存在すること、など。
(2) 実際に直近の検定で、関東大震災後に引き起こされた日本人による中国人・朝鮮人の虐殺被害者数、南京虐殺事件の虐殺被害者数を原記述より少なくさせる、中国や韓国との間に領土問題は存在しないと記述を変更させたなどの実例

がある。
(3) これらは、子どもの権利条約第13条、第14条、第17条などに違反している。
(4) よって検定制度の是正を総括所見で日本政府に勧告するよう貴委員会に要請する。

政府報告の中の教科書

過去の政府報告では、教科書はどう扱われてきたのか、また委員会は総括所見でどう応じてきたのかは下表をご覧いただきたい。

第1回報告では言及したのは無償措置のみだった。第2回報告は教科書に言及しなかったが、総括所見では「検定手続きの強化」としている。これは歴史修正主義的な記述を排除すべきだということであって、表現の自由を侵害するような政府の統制を強化せよという意味ではない。

いずれにしても、第4・5回報告と合わせて、次第に教科書への言及が増えてきていることは見て取れよう。現時点では、総括所見の発表がいつになるかは不明だが、あえて喧嘩を売った以上、厳しい批判がなされる可能性大である。こうした強硬姿勢は、安倍政権になってから顕著になっている。国連の人権諸機関の勧告を無視し続けることは、それこそ「国益に反する」のではないだろうか。

表　これまでの政府報告と総括所見の教科書への言及内容　　　　　　（カッコ内の数字はパラグラフの番号）

報告	政府報告（趣旨）	総括所見（同左）
第1回	義務教育は学校の設置者に関わらず無償。	言及なし。
第2回	言及なし。	●検定制度にも拘らず、いくつかの歴史教科書が不完全ないし一方的な内容であることを懸念。（49.(g)） ●教科書が公平な見方を提供するよう、教科書の検定手続きを強化することを勧告する。（50.(e)）
第3回	● 1. と同趣旨。 ●公立学校に就学する外国人児童生徒も無償。（154） ●教科書検定は、①学習指導要領に基づいている、②検定基準は、誤りや不正確な記述がないこと、公正でバランスのとれたものになっていること等を内容とし、教科用図書検定調査審議会の議を経て、厳正かつ適切に実施している。（400）	●歴史教科書が、歴史的事件に関して日本の解釈のみを反映しているため、地域の他国の児童との相互理解を強化していないとの情報を懸念する。（74） ●公的に検定されている教科書が、アジア太平洋地域の歴史的事件に関して、バランスのとれた視点を反映することを確保するよう勧告する。（75）

教科書レポート 2018 ― No.61 ―

資料

2017年度
教科書検定
内容

小学校 道徳

※表中の「検定意見」の欄にある括弧書きの部分も、検定意見の通知の書類中で文科省が記載したものである。
※表中の〈 〉は本誌の編集による注である。

学校図書

申請図書（白表紙本）	検定意見	修正後
【道徳】1学年 学図 私たち日本の文化には、相手に対する敬意や思いやりを大切にするという伝統があります。そしてそのことの表れとして、他の国に類を見ない細やかな言葉遣いがある<u>など</u>。	生徒が誤解するおそれのある表現である。（断定的に過ぎる。）	私たち日本の文化には、相手に対する敬意や思いやりを大切にするという伝統があります。そしてそのことの表れとして、細やかな言葉遣い<u>など</u>。
【道徳】1学年 学図 ゲリラ 小部隊で敵の隙をうかがい、小戦闘や奇襲を繰り返して、敵をかき乱す戦法。	本文の文脈に照らし合わせて理解し難い表現である。	ゲリラ 小部隊で敵の隙をうかがい、小戦闘や奇襲を繰り返して、敵をかき乱す部隊、戦闘員。また、その戦法。

資料　2017年度　教科書検定内容——小学校　道徳——

本書の目次、p.44、p.45～p.55 の奇数ページの柱に誤りがありました。お詫びして訂正いたします。

正	資料 2017年度教科書検定内容—中学校道徳
誤	資料 2017年度教科書検定内容—小学校道徳

【道徳】 1学年　学図

学びに向かうために

（考えよう）
真理子とみゆきの役に分かれ、p95・15行からp96・10行までの会話を再現して、真理子とみゆきそれぞれが感じていることを確かめてみよう。

（意見交換）
由里の悪口を言う恵子と話をしていて、みゆきを思い出した真理子は、どんなことに気がついたのだろう。考えたことを出し合ってみよう。

正：

（考えよう）
ような行動をするか、考えたことを出し合ってみよう。

（意見交換）
由里の悪口を言う恵子と話をしていて、みゆきを思い出した真理子は、どんなことに気がついたのだろう。考えたことを出し合ってみよう。

心身の健…／健全な情…いて必要…ている。…材にした…たっての

【道徳】 2学年　学図

「日本はドイツと防共協定を結んでいる国です。そのために、あなたそのために、このことを分かっています。このところをお願いしたいのです。」「しかし、そのところをお願いしたいのです。」

〈以下は脚注〉
*防共協定
共産主義勢力に対抗するために、当時の日本とドイツが結んだ協定。

生徒が誤解するおそれのある表現である。(当時の日本の外交政策)

正：

「私は数人分のビザならば発行することができますが、これほど大勢の人たちにお出しするのは難しい立場にあります。このことを分かっていただきたい。」「しかし、そのところをお願いしたいのです。」

〈*防共協定の脚注削除〉

教科書レポート 2018 ― No.61 ―

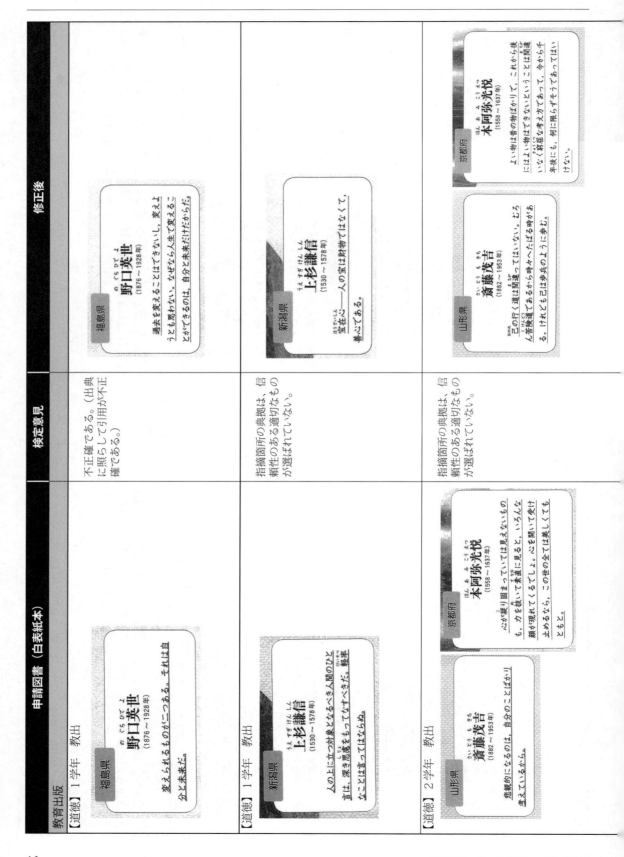

資料　2017年度　教科書検定内容――小学校　道徳――

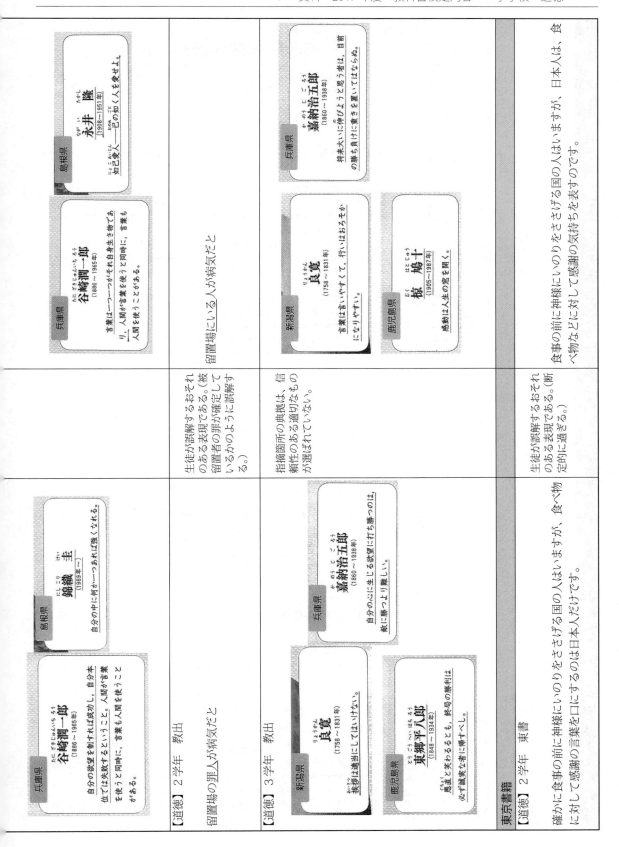

申請図書（白表紙本）	検定意見	修正後

修正後（上段）

考えてみよう
① 「灯ろうを流す」という儀式に参加することで、人々は悲しみや苦しみの気持ちを新たにしてきた。」というのは、どういうことだろう。
② 季節の年中行事や儀式などに参加したとき、どのようなことを感じただろう。
また、先人が築いてきたことをこれからの社会に受けつつぎ、日本を発展させていくために、私たちにできることはどのようなことだろう。

検定意見（上段）

学習指導要領に示す内容に照らして、扱いが不適切である。（内容の「我が国や郷土の伝統と文化の尊重、国を愛する態度」）

申請図書（白表紙本）（上段）

【道徳】３学年　東書

考えてみよう
① 「灯ろうを流す」という儀式に参加することで、人々は悲しみや苦しみの気持ちを新たにしてきた。」というのは、どういうことだろう。
② 季節の年中行事や儀式などに参加したとき、どのようなことを感じただろう。

修正後（下段）

【道徳】３学年　東書

12　自分の生活を見直して

スマホに夢中！

文　東京都教育委員会　絵　山本重也

　奈美は、誕生日にスマートフォンを買ってもらった。奈美の仲良しの三人の友達も、みな、スマートフォンを持っている。学校から家に帰ってからも、スマートフォンを通じて四人でやりとりをすることが多くなっていた。短い言葉のやりとりは途切れることなく続き、気がつけば真夜中になっているということも、しばしばだった。

　朝から夜おそくまでスマートフォンを操作している生活が続いていくうちに、奈美は片時もスマートフォンを手ばなせなくなっていった。きょうが入浴中は部屋に置いておくのだが、友達のメッセージを入れると、スマートフォンのことが気になってしまうのだ。遅くなって、まだ入浴中なのにスマートフォンのことが気になってしまうのだ。友達のメッセージを入れると、お風呂から出てきたこともあった。
「廊下をぬれた足で歩かないでちょうだい。」
「はぁい。」急いでいるの。しかたないでしょう。」
すると、お母さんが厳しい口調で言った。
「奈美、どれだけかけているの。スマートフォンを買ってあげたとき、お母さんとした約束を忘…」

検定意見（下段）

学習指導要領に示す内容に照らして、扱いが不適切である。（内容の「節度・節制」）

申請図書（白表紙本）（下段）

【道徳】３学年　東書

12　自分の生活を見直して

かたづけは幸せの始まり

文　杉田明子　佐藤剛史　絵　山本重也

　なぜ、部屋のかたづけをするのでしょう？　なぜ、かたづけをしなければならないのでしょう？　お父さんやお母さんが「かたづけなさい！」とうるさいからですか？
　実は、かたづけなんてしなくたって、どうってことはありません。でも、かたづけができるようになれば、かたづける力が身につけば、あなたの人生がもっと幸せなものになるのです。

① かたづけができないと時間を失う

「コンパスどこだっけ？」「テスト範囲が書いてあるプリントどこだっけ？」
　テスト勉強をしようと思ったとき、まず探し物から始めなければならない人はいますか？　勉強するスペースを確保するためのかたづけから始めなければならない人もいるでしょう。
　それにかける五分、十分の時間。それは、ほんのちょっとの時間だと思いがちです。でも、毎日積み重ねていけば、テスト前の一週間で、毎日探し物やかたづけに十分費やしている…

資料　2017年度　教科書検定内容──小学校　道徳──

改札を通った奈美恵は、ホームに続く階段をあわてて降りながら、急いで三人の返事を入力し始めた。すると、その階段の真ん中あたりで、突然、自分の体が宙にうたように感じた。（あっ）と思った瞬間には、体は階段を転がり始めていた。ふみ外してしまったのだ。階段を転がり落ちる奈美恵には、周りの光景がスローモーションのように見えた。階段の下に横たわる奈美恵に、願を上げると、かけ寄ってくる駅員と三人の友達が見えた。

〈上は、4ページにわたる範囲のうち2ページの抜粋。最後に次の記述。〉

考えてみよう
①階段の下に転落した事故の後、奈美恵はスマホの使い方について、どのようなことを考えたのだろう。
②日頃から、安全で調和のとれた生活を心がけようと自分で意識していることは、どのようなことだろう。

歩きスマホなどによる事故事例
（東京消防庁管内の2013年から6月）

駅のホームで携帯電話を操作しながら歩行中、線路上に誤って転落しけがをしたもの。なお、接触はなかったが、直後に電車の進入があった。
十歳代男性

自転車で走行中、スマートフォンを操作しながら運転していたため、高さ二メートルの道路わきの用水路に転落したもの。
十歳代男性

携帯電話を操作しながら校舎内の階段を降りていたところ、足を踏み外し五、六段程度転落、けがをしたもの。
十歳代女性

歩行中に携帯電話を見ていた女性にぶつかってしまいそれぞれ転倒しけがをしたもの。
七十歳代女性

るとしたら、七日間で七十分、もし部屋がちらかっていれば、1時間以上も集中して勉強できる時間が確保できます。
　ちらかっている部屋で暮らす人と、ちらかっていない部屋で暮らす人が、同じ時間を生きているとしても、時間の使い方がちがうのです。
　「探す」時間は、はっきり言って無駄です。探し物の毎日は、確実にあなたの素晴らしい時間をうばっていきます。そしてちらかって探し物に追われる人生になってしまいます。

② かたづけができないとスペースを失う
　自分の部屋を持っている高校三年生の男の子がいました。せっかくの部屋はたくさんの物であふれ、勉強する場所がありません。そのため、勉強はいつもリビングでしていました。同様に、自分の部屋にたくさんの物があるからか、それ以上、物がおけずしかし、お母さんと小学生の妹と同じ部屋でねていました。唯一、自分の部屋で使えたのは、入り口近くのベースのみでした。
　男の子はいよいよ部屋のかたづけを始めました。まず部屋の中の物を全部外に出してみました。広さが分ると、そのどれもがいらないと決める物ばかりで分別すると、そのうち必要な物を選び取ったあとは、自分の部屋で勉強して、自分のベッドでねられるようになりました。

③ かたづけができないと友達と遊ぶ機会を失う
　中学一年になったばかりの女の子のお話です。
　彼女のお母さんは、彼女が友達を家に呼ぶことを許してくれませんでした。

〈上は、4ページにわたる範囲のうち2ページの抜粋。最後に次の記述。〉

考えてみよう
①特に印象に残ったのは、どのような内容か。
②「かたづけ」にはヒトの気持ちや心を動かす力がある」ということなのだろう。
③どのような生活習慣を積み上げていったら幸せになれるのだろう。

資料　2017年度　教科書検定内容——高等学校——

申請図書（白表紙本）	検定意見	修正後
[道徳] 3学年 東書	生徒が誤解するおそれのある表現である。（いじめについて誤解する。）	削除
日本文教出版　[道徳] 3学年 日文　より男性的／より女性的	生徒にとって理解し難い表現である。	削除
学研教育みらい　[道徳] 1学年 学研　ノーマライゼーションとは、障害者や高齢者も健常者と同じように平等に扱われ、	生徒が誤解するおそれのある表現である。（高齢者のすべてが健常者でないかのように誤解する。）	ノーマライゼーションとは、障害者や高齢者を含め、誰もが平等に扱われ、

資料　2017年度　教科書検定内容——小学校　道徳——

内容（修正前）	検定理由	内容（修正後）
[道徳] 1学年 学研 **へびの動きの研究** サーベノイド曲線 曲率 p　$p=\sin s$ 広瀬博士が見つけたサーベノイド曲線とその曲線に沿った曲率の変化。 へびを観察し、あらゆる動きをデータ化、さらに法則を数式化することでへびの体の仕組みを解明した。そうして完成したのがへび型ロボットだった。	生徒にとって理解しがたいグラフである。（サーベノイド曲線）	**へびの動きの研究** シマヘビに電極を取り付けて観察し、へびの動きをモデル化した。
[道徳] 1学年 学研 年々増加を続ける訪日外国人らを「おもてなし」するロボット「EMIEW3（エミュースリー）」。	特定の商品の宣伝になるおそれがある。	年々増加を続ける訪日外国人らの「おもてなし」をするロボット。
[道徳] 1学年 学研 「変なホテル」（長崎県）	特定の商品の宣伝になるおそれがある。	長崎県などにあるホテル

教科書レポート 2018 —No.61—

資料　2016年度　教科書検定内容──高等学校──

申請図書（白表紙本）	検定意見	修正後
【道徳】2学年　学研 The best way to find out if you can trust somebody is to trust them. 誰かを信頼できるかを試すのにいちばん良い方法は、彼らを信頼してみることだ。	指摘箇所の典拠は、信頼性のある適切なものが選ばれていない。	誰かを信頼するのに良い方法は、彼らを信頼してみることだ。
【道徳】2学年　学研 Pleasure in the job puts perfection in the work. 働く喜びが仕事を完璧なものにする。	指摘箇所の典拠は、信頼性のある適切なものが選ばれていない。	喜びを感じながら活動する人々は、それぞれの門のことをよりよく判別し、より精密に成し遂げる。
【道徳】2学年　学研 世の既成概念を破るというのが、真の仕事である。	指摘箇所の典拠は、信頼性のある適切なものが選ばれていない。	国を開くの道は、戴するものは戦い、修行するものは修行し、商法は商法で、めいめいかえり見ずやらねば成らざる。
【道徳】1学年　学研 西の空には三日月が見えた。	相互に矛盾している。	西の空には三日月が見えた。 〈画像右上の月の形が変更されている〉
【道徳】3学年　学研 自分がもっているもので、自分の場所で、できることをやりなさい。	指摘箇所の典拠は、信頼性のある適切なものが選ばれていない。	軽い荷物にしてほしいと願ってはいけない。強い背中にしてほしいと願うべきだ。

資料　2017年度　教科書検定内容──小学校　道徳──

日本教科書

曲がり角　〜交通安全に気をつけよう〜

典明の行動の何が悪かったのだろう。
どうすればよかったのか考えてみよう。

自動車がキキーッというブレーキの跡を残して止まった。運転していた女性が顔から血を流している救急車を呼んだ周りの人が救急車と警察の車が来た。

典明は恐る恐る顔を上げた。救急車の中で両親と担任の島野先生が待っていてくれた。病院で検査の後、典明は学校を休んだ。その日の夕方、警察署から電話があった。「現場検証を行いますので、明日朝8時半までに署に来てください。」

典明は学校を休んで母と一緒に警察署に行きさっきの事故現場で女性と共に担任の島野先生も立ち会った。

「もうすぐ晩御飯だよ。」家を出るとき、母が言った。「うん、すぐ帰る。」夕飯の前にちょっと友達の家に寄ろうと自転車で遊びに行く途中、見通しの悪い坂道の曲がり角で典明は急いで前を見ずに曲がってしまった。「あっ！」

自動車が急ブレーキをかけた。自転車が一回転して典明の身体は宙に投げ出され地面に強く打ちつけられた。その後、自転車が倒れる音がした。

「自動車が来てたのかもしれない…。」

学習指導要領に示す内容に照らして、扱いが不適切である。（内容の「節度、節制」）

日本教科書

【道徳】1学年　日本教科書

中村久子　〜ヘレン・ケラーが抱きしめた日本人女性〜

アメリカの教育家・社会福祉事業家のヘレン・ケラー（1880〜1968年）は、生まれて間もなく、病気のため、目が見えず、耳も聞こえず、話すこともむずかしくなりました。しかし、そのような困難のなかで、サリバン先生の教育を受け、言葉を覚え、知識を身につけ、21歳のときにハーバード大学附属の女子大学に入学します。その後は、障害者に対する偏見を区別なくなすため、アメリカ国内だけでなく、世界各国で講演を行い、数々の福祉事業の発展に生涯をささげました。

ヘレン・ケラーが最初に来日したとき、日比谷公会堂で講演を行いました。その際に紹介されたのが、中村久子さん（1897〜1968年）です。久子さんは、幼少期に両手・両足を切断するという悲劇に見舞われながらも、書道や裁縫の技術を身につけ、自立した生活を送っている方でした。

ケラーは久子さんのかたわらに歩みより、そうっと両手で久子さんの両肩から下へ、久子さんもハッとしました。そしてケラーは再び抱きしめるように、久子さんはケラーの肩に顔をうずめ、お互いの頬が涙でぬらしました。2000人以上の聴衆のだれ一人として顔をあげることなく、大会場が一瞬ですすり泣く声のみになりました。

（出典）
三皇5関編『花びらのノート　中村久子の世界』真宗大谷派講演会寺、2008年。一部表記を改めた。

修正後	検定意見	申請図書（白表紙本）
【道徳】１学年　日本教科書 「ヘーイ、綿畑へ帰れー。」 「仲間がジャングルで待っているよ。」 「おまえなんかのような奴にようはないぜ。」 （略）その白人選手は、笑いながら「どうした。黒人さん。」というような言葉を投げかけてくる……。	健全な情操の育成について必要な配慮を欠いている。	【道徳】１学年　日本教科書 「ヘーイ、黒んぼ。綿畑へ帰れー。」 「仲間がジャングルで待っているよ。」 「おまえなんかのような黒ん坊にようはないぜ。」 （略）その白人選手は、笑いながら「どうした。黒ん坊さん。」という言葉で侮辱する……。
発酵食給食	特定の商品の宣伝になるおそれがある。	【道徳】１学年　日本教科書 発酵食給食（白山市役所地産地消課提供）
真実を大切にし、真理を探求して新しいものを生み出そうとする心	生徒が誤解するおそれのある表現である。（内容の「真理の探究、創造」）	【道徳】１学年　日本教科書 〈「1年生の心の成長を振り返りましょう」という自己採点表の中の表現〉 夢や希望を持ち、前向きさを生きる心

資料　2017年度　教科書検定内容――小学校　道徳――

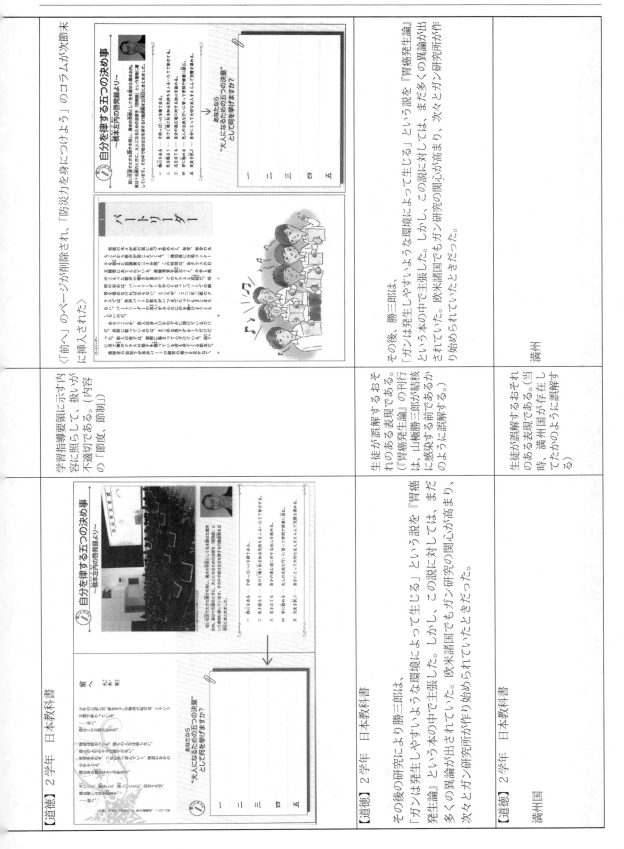

【道徳】2学年　日本教科書	〈「前へ」のページが削除され、「防災力を身につけよう」のコラムが次節末に挿入された〉	学習指導要領に示す内容に照らして、扱いが不適切である。（内容の「節度、節制」）
【道徳】2学年　日本教科書　その後の研究により勝三郎は、「ガンは発生しやすいような環境によって生じる」という説を『胃癌発生論』という本の中で主張した。しかし、この説に対しては、まだ多くの異論が出されていた。欧米諸国でもガン研究の関心が高まり、次々とガン研究所が作り始められていたときだった。	その後、勝三郎は、「ガンは発生しやすいような環境によって生じる」という説を『胃癌発生論』という本の中で主張した。しかし、この説に対しては、まだ多くの異論が出されていた。欧米諸国でもガン研究の関心が高まり、次々とガン研究所が作り始められていたときだった。	生徒が誤解するおそれのある表現である。（『胃癌発生論』の刊行は、山極勝三郎が結核に感染する前であるかのように誤解する。）
【道徳】2学年　日本教科書　満州国	満州	生徒が誤解するおそれのある表現である。（当時、満州国が存在していたかのように誤解する）

申請図書（白表紙本）	検定意見	修正後
【道徳】2学年　日本教科書 バリアフリー論 バリアフリーは、身体障害者や高齢者が生活を営む上で	生徒が誤解するおそれのある表現である。（バリアフリーは、身体障害者や高齢者のみを対象とした考えであるように誤解する。）	バリアフリー論 バリアフリーは、身体障害者や高齢者、妊婦などが生活を営む上で
【道徳】3学年　日本教科書 **神宮**　「お伊勢さん」「伊勢神宮」の呼び名で親しまれている神宮は、内宮と外宮を中心に125社のお社のお社から成りたっています。 ご鎮座以来、国家の繁栄と国民の幸せを祈って、年間延べ千数百回に及ぶお祭りが繰り返されてきました。江戸時代には、6人に1人が訪れたそうです。 その中でも、私たちの生きる糧でもある、その年の清らかな新穀の恵みに感謝を捧げる神嘗祭は、私たちのくらしの平安と活力の証しであり、栄ゆく豊かなくらしを約束する、喜びと希望に満ちたお祭りです。 なかでも、全てにわたって清らかに装いを整えて行われる、20年に一度の「大神嘗祭」。それが「式年遷宮」です。	生徒が誤解するおそれのある表現である。（断定的に過ぎる。）	**神宮**　「お伊勢さん」「伊勢神宮」の呼び名で親しまれている神宮は、内宮と外宮を中心に125社のお社から成りたっています。 ご鎮座以来、国家の繁栄と国民の幸せを祈って、年間延べ千数百回に及ぶお祭りが繰り返されてきました。江戸時代には、6人に1人が訪れたそうです。現在でも、多くの人が訪れており、日本全国の農業、漁業、酒造業などの関係者から、神宮に奉納するさまざまなお供えものが届きます。 また、五穀豊穣の感謝祭にあたる「神嘗祭」は、その年の新穀の恵みに感謝を捧げる祭りです。神宮の恒例のお祭りの中でも、最も重要なお祭りとされています。 削除
【道徳】3学年　日本教科書 **式年遷宮**　「式年遷宮」とは、神宮で20年に一度行われるお祭りのことです。神宮の社殿を造り替え、神様の服などの「御装束」や、刀や鏡などの「御宝」も新たにして、新殿へお引越しにして、新殿へお づくりする儀式で、今風に言えば「神様のお引越し」です。 我が国にとって第一の儀式と重んじられ、約1300年という、世界でも例を見ないかけがえのない歴史と伝統を有しています。 すべてを清らかにあらため、神様も、国も、国民も共に若返る……。新たな気持ちで歩むことのできる、大切な機会であるということです。	生徒が誤解するおそれのある表現である。（断定的に過ぎる。）	**式年遷宮**　「式年遷宮」とは、神宮で20年に一度行われるお祭りのことです。神宮の社殿を造り替え、神様の服などの「御装束」や、刀や鏡などの「御宝」も新たにして、新殿へお づくりする儀式で、今風に言えば「神様のお引越し」です。 飛鳥時代に天武天皇が定めて、次の持統天皇の時（690年）に第1回が行われました。以来、約1300年続いており、かけがえのない歴史と伝統を有しています。 すべてを清らかにあらため、神様も、国も、国民も共に若返る……。新たな気持ちで歩むことのできる、大切な機会であるということです。

資料　2017年度　教科書検定内容——高等学校——

資料

2017年度
教科書検定
内容

高等学校

※表中の「検定意見」の欄にある括弧書きの部分も、検定意見の通知の書類中で文科省が記載したものである。

※表中の〈　〉は本誌の編集による注である。

申請図書（白表紙本）	検定意見	修正後
国語		
【国語古典A】大修館　〔婚姻形態〕 夫婦生活　平安時代は一夫多妻の通い婚が基本で、夫は住々にして複数の妻のもとに通い、やがて一人を正妻として自邸に迎えた。	生徒が誤解するおそれのある表現である。 （平安時代の婚姻形態について誤解する。）	夫婦生活　平安時代は一夫多妻の通い婚が基本で、夫は住々にして複数の妻のもとに通った。
【国語古典B】文英堂　「かわいい」ブーム （言語活動「ものづくし」） 「うつくしきもの」（第百四十五段）とは「かわいいもの」ということだ。この段には雀の子や幼子のかわいらしい様子の描写がある。昨今の「かわいい」ブームにもつながる感じ方だ。	生徒にとって理解し難い表現である。 （「うつくしきもの」段と「かわいい」ブームの関係が理解し難い。）	「うつくしきもの」（第百四十五段）とは「かわいいもの」ということだ。この段には雀の子や幼子のかわいらしい様子の描写があり、小さくかわいらしいものに寄せるまなざしを見出〈みいだ〉すことができる。平安時代の「うつくし」は現代語の「美しい」とは微妙に意味が異なるのである。

教科書レポート 2018 ― No.61 ―

外国語

申請図書（白表紙本）	検定意見	修正後
【コミュニケーション英語Ⅲ】桐原書店　［営利企業の宣伝］ Genetically modified tomatoes	特定の営利企業の宣伝になるおそれがある。	削除
【コミュニケーション英語Ⅲ】啓林館　［営利企業の宣伝］ 	特定の営利企業の宣伝になるおそれがある。(W)	削除
【コミュニケーション英語Ⅲ】啓林館　［営利企業の宣伝］ 	特定の営利企業の宣伝になるおそれがある。(#1 New York Times Bestseller)	〈出版社名を削除〉

資料　2017年度　教科書検定内容——高等学校——

【コミュニケーション英語III】数研　（営利企業の宣伝）	<LEGOの文字を削除>	特定の営利企業の宣伝になるおそれがある。
【コミュニケーション英語III】数研　〔商品の宣伝〕 　Even now, when I think back on it, I can still see the glossy whiteness of her scalp. She wasn't bald. Not quite. Not completely. There were some tufts of hair, little patches of grayish brown fuzz. But what I saw then, and keep seeing now, is all that whiteness. A smooth, pale, translucent white. I could see the bones and veins; I could see the exact structure of her skull. There was a large Band-Aid at the back of her head, a row of black stitches, a piece of gauze taped above her left ear. 14　Band-Aid [bǽndeɪd]　　　　　　　n. a small bandage		特定の商品の宣伝になるおそれがある。 　Even now, when I think back on it, I can still see the glossy whiteness of her scalp. She wasn't bald. Not quite. Not completely. There were some tufts of hair, little patches of grayish brown fuzz. But what I saw then, and keep seeing now, is all that whiteness. A smooth, pale, translucent white. I could see the bones and veins; I could see the exact structure of her skull. There was a large plaster at the back of her head, a row of black stitches, a piece of gauze taped above her left ear. 14　plaster [plǽstər] [plɑ́ːs-]　　　　　　　n. a small bandage
【コミュニケーション英語III】増進堂　〔女性の考え方〕 女性たちは男性が自分たちに親切にするのは当然と思っている。 Women (are / for / granted / it / kind / men / take / that) to them. Women _____ to them.	生徒が誤解するおそれがある表現である。 （例文のような考え方が女性一般に当てはまると誤解するおそれ）	彼は自分が結婚式に招待されるのは当然だと思っているようだった。 He seemed to (for / take / be / would / that / it / granted / he) invited to the wedding. He seemed to _____ invited to the wedding.

申請図書（白表紙本）	検定意見	修正後
【コミュニケーション英語III】増進堂　［大学入試問題］ University Entrance Examination 1 **Related Topic of Lesson 1** **Exercises** University Entrance Examination 2 **Related Topic of Lesson 2**	生徒が誤解するおそれのある表現である。 （各 Lesson が大学入試問題を解くための学習であると誤解するおそれ）	Related Topics of Lesson 1-10 (University Entrance Examination) ... 102 Related Topics of Lesson 1-10 ... 102 **Related Topic of Lesson 1** **Exercises** **Related Topic of Lesson 2**
【コミュニケーション英語III】増進堂　［営利企業の宣伝］	特定の営利企業の宣伝になるおそれがある。 （AMK）	
【コミュニケーション英語III】［営利企業の宣伝］大修館	特定の営利企業の宣伝になるおそれがある。 （NISSAN）	
【コミュニケーション英語III】［営利企業の宣伝］文英堂 Roquefort 72. Roquefort 「ロックフォール・チーズ」代表的なブルーチーズ	特定の営利企業の宣伝になるおそれがある。	blue cheese （削除）

資料　2017年度　教科書検定内容——高等学校——

申請図書の記述	検定意見	修正後の記述
【コミュニケーション英語Ⅲ】文英堂［営利企業の宣伝］ Googled Google /ɡúːɡl/ 23. Googled「ネット検索した」 Google　82	特定の営利企業の宣伝になるおそれがある。	googled google /ɡúːɡl/ 23. googled「ネット検索した」 google　82
【コミュニケーション英語Ⅲ】文英堂［営利企業の宣伝］ iPhone iPhone /áifəun/ iPhone　82	特定の営利企業の宣伝になるおそれがある。	smartphone （削除） （削除）

数学

【数学Ⅲ】東京書籍　［営利企業の宣伝］

検定意見：特定の営利企業の宣伝になるおそれがある。

申請図書（書影）:

博士の愛した数式　小川洋子著　新潮社

「オイラーの公式は暗闇に光る一筋の流星だった。暗黒の渦道に刻まれた詩の一行だった。そこに込められた美しさに打たれながら、私はメモ用紙を定期入れに仕舞った。」（198ページより）

80分しか記憶のもたない〈博士〉とその家政婦である「私」、そして「私」の10歳の息子のあいだの、どこまでもやさしく、はかない物語。

「無限」に魅入られた天才数学者たち　アミーール・D・アクゼル著　早川書房

[Je le vois, mais je ne le crois pas.
（是、見るも、我信ぜず）
カントールがこの七発見した無限の性質は、当の彼でさえ衝撃を受けるようなものだったのだ。]（163ページより）

数学と偶然は同じ概念？「無限」の世界に呑み込まれてしまうと、様々の謎が立ち現れる。「無限」の抱える数々の謎に挑戦した数学者たちの物語。

怠け数学者の記　小平邦彦著　岩波書店

修正後（書影）:

博士の愛した数式　小川洋子著

「オイラーの公式は暗闇に光る一筋の流星だった。暗黒の渦道に刻まれた詩の一行だった。そこに込められた美しさに打たれながら、私はメモ用紙を定期入れに仕舞った。」（198ページより）

80分しか記憶のもたない〈博士〉とその家政婦である「私」、そして「私」の10歳の息子のあいだの、どこまでもやさしく、はかない物語。

「無限」に魅入られた天才数学者たち　アミーール・D・アクゼル著

[Je le vois, mais je ne le crois pas.
（是、見るも、我信ぜず）
カントールがこの七発見した無限の性質は、当の彼でさえ衝撃を受けるようなものだったのだ。]（163ページより）

数学と偶然は同じ概念？「無限」の世界に呑み込まれてしまうと、様々の謎が立ち現れる。「無限」の抱える数々の謎に挑戦した数学者たちの物語。

怠け数学者の記　小平邦彦著

音楽

申請図書（白表紙本）	検定意見	修正後
【音楽Ⅲ】音楽之友社　[キャラクター] **:: 音楽のつくり方、表現の仕方の進化** **作曲が身近になった！** 　コンピュータを使った音楽制作（Desktop Music 略称DTM）が一般化し、楽器演奏の経験や専門的な作曲や音楽理論の知識がない人でも、自由に音楽をつくれるようになった。シンセサイザーや電子楽器をコンピュータにつないで声や音や楽器の音を加工したり、歌声合成ソフトなどさまざまなソフトウェアを利用することで、創作や表現の可能性が広がった。 　また、2015年頃からAI（人工知能）による自動作曲システムやサービスが実用化。ウェブサイト上でジャンルや曲調、曲の長さを指定するだけで作曲できたり、歌詞に曲をつけられるようになった。 **映像と一体化した音楽が増えた！** 　CG、3D、プロジェクション・マッピング、ミュージック・ビデオなどの視覚技術の進化によって、ライブなどでの音と映像のコラボレーションも進化。聴覚も視覚も楽しませることをめざす音楽作品が増加した。人物やキャラクターを投影し、さもその場にいるかのように動かしたり、観客が持つペンライトの光をコントロールして演出に反映させるなど、新しい試みが次々に生まれている。 歌声合成ソフト　初音ミク ill. by KEI ©CFM piapro 	生徒が誤解するおそれのある表現である。 （図版のキャラクターが歌声合成ソフトであるかのように読み取れる。）	**:: 音楽のつくり方、表現の仕方の進化** **作曲が身近になった！** 　コンピュータを使った音楽制作（Desktop Music 略称DTM）が一般化し、楽器演奏の経験や専門的な作曲や音楽理論の知識がない人でも、自由に音楽をつくれるようになった。シンセサイザーや電子楽器をコンピュータにつないで声や音を加工したり、歌声合成ソフトなどさまざまなソフトウェアを利用することで、創作や表現の可能性が広がった。 　また、2015年頃からAI（人工知能）による自動作曲システムやサービスが実用化。ウェブサイト上でジャンルや曲調、曲の長さを指定するだけで作曲できたり、歌詞に曲をつけられるようになった。 **映像と一体化した表現が増えた！** 　CG、3D、プロジェクション・マッピング、ミュージック・ビデオなどの視覚技術の進化によって、ライブなどでの音と映像のコラボレーションも進化。聴覚も視覚も楽しませることをめざす音楽作品が増加した。人物やキャラクターを投影し、さもその場にいるかのように動かしたり、観客が持つペンライトの光をコントロールして演出に反映させるなど、新しい試みが次々に生まれている。  音と映像のコラボレーション （初音ミクの3DCGライブ） © Crypton Future Media, INC. / © SEGA Graphics by SEGA / MARZA ANIMATION PLANET INC. Production by Crypton Future Media, INC.

商業・財務会計

【商業・財務会計Ⅱ】ネットスクール　［営利企業の宣伝］

■ S社の電卓の場合
10 ÷ 1.05 − GT M+ [18.594…]　①+②をメモリに記憶させる
1000 ÷ 1.05 = + M+ [925.623…]　③をメモリに記憶させ、RM でメモリの金額を表示する
− 1000 = [−74.376…]

■ K社の電卓の場合
1.05 ÷ ÷ 10 M+ M+
1.05 ÷ + 1000 = + RM [925.623] − 1000 = [−74.376…]

特定の営利企業の宣伝になるおそれがある。

ベクター画像		説明
EPS（Encapsulated PostScript）	イーピーエス	フルカラー。ラスター画像とベクター画像ともに扱うことができる。CMYK モードあり。DTP でよく使われる。文字とイラストに最適。
AI	エーアイ	特定のソフトウェアのファイル形式。バージョンの違いによるトラブルに注意が必要。汎用性のある DTP 形式にすることができる。
SVG（Scalable Vector Graphics）	エスブイジー	XML で記述された画像形式。ウェブ関係の技術と親和性が高く動的に書き換え可能。SVG と SVGZ（圧縮形式）の2形式がある。
DXF（Drawing Exchange Format）	ディーエックスエフ	コンピュータを使用して設計や製図をするシステム CAD で使われる図面用形式。2次元および3次元の形状をベクター形式で表現する。

③ 動画のファイル形式

パソコン上で扱う動画のファイル形式としては、AVI や MOV のほか動画を圧縮して保存できる MPEG 形式、ストリーミング動画で多く使用される高圧縮の WMV、動画投稿サイトで利用される FLV 形式などがある。また、画像にアニメーションを加えた SWF 形式や複数の GIF 形式の画像を簡単なアニメーションとして見せるアニメーション GIF がある。

商業・財務会計

［商業・財務会計Ⅱ］ネットスクール　［営利企業の宣伝］

34ページ30行目

■ カシオ・キヤノンの電卓の場合
10 ÷ 1.05 − GT M+ [18.594…]　①+②をメモリに記憶させる
1000 ÷ 1.05 = + M+ [925.623…]　③をメモリに記憶させ、RM でメモリの金額を表示する
− 1000 = [−74.376…]

■ カシオの電卓の場合
1.05 ÷ ÷ 10 M+ M+
1.05 ÷ + 1000 = + RM [925.623] − 1000 = [−74.376…]

特定の営利企業の宣伝になるおそれがある。

［商業・電子商取引］東京法令　［商品の宣伝］

ベクター画像		説明
EPS（Encapsulated PostScript）	イーピーエス	フルカラー。ラスター画像とベクター画像ともに扱うことができる。CMYK モードあり。DTP でよく使われる。文字とイラストに最適。
AI（Adobe Illustrator）〔削除〕	エーアイ	特定のソフトウェアのファイル形式。バージョンの違いによるトラブルに注意が必要。汎用性のある DTP 形式にすることができる。
SVG（Scalable Vector Graphics）	エスブイジー	XML で記述された画像形式。ウェブ関係の技術と親和性が高く動的に書き換え可能。SVG と SVGZ（圧縮形式）の2形式がある。
DXF（Drawing Exchange Format）	ディーエックスエフ	コンピュータを使用して設計や製図をするシステム CAD で使われる図面用形式。2次元および3次元の形状をベクター形式で表現する。

特定の商品の宣伝になるおそれがある。

［商業・電子商取引］東京法令　［商品の宣伝］

③ 動画のファイル形式

パソコン上で扱う動画のファイル形式としては、AVI や QuickTime のほか動画を圧縮して保存できる MPEG 形式、ストリーミング動画で多く使用される高圧縮の WMV、動画投稿サイトで利用される FLV 形式などがある。また、画像にアニメーションを加えた SWF 形式や複数の GIF 形式の画像を簡単なアニメーションとして見せるアニメーション GIF がある。

特定の商品の宣伝になるおそれがある。

申請図書（白表紙本）	検定意見	修正後

申請図書（白表紙本）

[商業・電子商取引] 東京法令 [商品の宣伝]

削除 （番号5の関連修正）
削除

■動画のファイル形式

ファイル形式	読み方と拡張子	特徴
AVI (Audio Video Interleave)	エーブイアイ (.avi)	汎用性が高く、おもに動画の取り込みや編集、ほかの動画ファイルへの変換などに利用されている。ストリーミングや動画の配信には不向き。
QuickTime (MOV)	クイックタイム (モブ) (.mov)	再生用のソフトウェアがあればどのOSやブラウザでも再生可能。動画配信によく使われている形式のひとつで、再生用のソフトウェアは無償で配布されている。
MPEG (Moving Picture Experts Group) 1	エムペグ ワン (.mpg)	Video-CDに採用されている規格で、画質はVHS並み。約1時間の動画をCDに納めることを目標に開発された。
2	エムペグ ツー (.mpg)	DVD-Videoやディジタル放送などで採用されている規格で、画質はDVD相当。データ転送速度は再生時に動画と音声を合わせて4〜15Mbps程度。
4	エムペグ フォー (.mp4)	通信回線での映像の配信を目的とした規格。低画質、高圧縮で、動画と音声を合わせて64kbps程度のデータ転送。
4 AVCH264	エムペグ フォー エーブイシー エイチにろくよん (.mp4)	MPEG4規格とAVC/H264規格が統合された。単にH264と呼ぶ場合もある。ブルーレイ、動画配信、スマートフォンなどで採用されている。
WMV (Windows Media Video)	ダブリューエムブイ (.wmv)	ストリーミング配信を前提に開発された。DRM（ディジタル著作権管理）というコピーガード機能付きで、おもに著作物を配信する動画サイトで利用されている。
FLV (Flash Video)	エフエルブイ (.flv)	動画投稿サイトで採用されている形式。どのOSやブラウザでも再生可能。商用サイト、個人サイトともに利用率が高い。

削除

検定意見

特定の商品の宣伝になるおそれがある。

修正後

■動画のファイル形式

ファイル形式	読み方と拡張子	特徴
AVI (Audio Video Interleave)	エーブイアイ (.avi)	汎用性が高く、おもに動画の取り込みや編集、ほかの動画ファイルへの変換などに利用されている。ストリーミングや動画の配信には不向き。
MOV	モブ (.mov)	再生用のソフトウェアがあればどのOSやブラウザでも再生可能。動画配信によく使われている形式のひとつで、再生用のソフトウェアは無償で配布されている。
MPEG (Moving Picture Experts Group) 1	エムペグ ワン (.mpg)	Video-CDに採用されている規格で、画質はVHS並み。約1時間の動画をCDに納めることを目標に開発された。
2	エムペグ ツー (.mpg)	DVD-Videoやディジタル放送などで採用されている規格で、画質はDVD相当。データ転送速度は再生時に動画と音声を合わせて4〜15Mbps程度。
4	エムペグ フォー (.mp4)	通信回線での映像の配信を目的とした規格。低画質、高圧縮で、動画と音声を合わせて64kbps程度のデータ転送。
4 AVCH264	エムペグ フォー エーブイシー エイチにろくよん (.mp4)	MPEG4規格とAVC/H264規格が統合された。単にH264と呼ぶ場合もある。ブルーレイ、動画配信、スマートフォンなどで採用されている。
WMV	ダブリューエムブイ (.wmv)	ストリーミング配信を前提に開発された。DRM（ディジタル著作権管理）というコピーガード機能付きで、おもに著作物を配信する動画サイトで利用されている。
FLV	エフエルブイ (.flv)	動画投稿サイトで採用されている形式。どのOSやブラウザでも再生可能。商用サイト、個人サイトともに利用率が高い。

資料　2017年度　教科書検定内容——高等学校——

修正表（検定後）	検定意見	申請図書（検定前）

動画の形式

検定後：

FLV	エフエルブイ (flv)	動画投稿サイトで採用されている形式のひとつ。ストリーミング配信で、どのOSやブラウザでも再生が可能。商用サイト、個人サイトともに利用率が高い。

検定意見：生徒が誤解するおそれのある表現である。（動画投稿サイトはFLVのみを扱っているかのように誤解する。）

申請図書：

【商業・電子商取引】東京法令　〔動画の形式〕

FLV (Flash Video)	エフエルブイ (flv)	動画投稿サイトで採用されている形式。どのOSやブラウザでも再生が可能。商用サイト、個人サイトともに利用率が低い。

削除（番号5関連）

商品の宣伝

検定後：

パソコン上で扱う音声のファイル形式には、非圧縮のWAVやAIFF (Audio Interchange File Format) などがある。圧縮できる形式としては、最も普及しているMP3® (MPEG-1/2 audio layer-3) や著作権保護機能を持つAAC (Advanced Audio Coding) などがある。

検定意見：特定の商品の宣伝になるおそれがある。

申請図書：

【商業・電子商取引】東京法令　〔商品の宣伝〕

パソコン上で扱う音声のファイル形式には、非圧縮のWAVやAIFF (Audio Interchange File Format) などがある。圧縮できる形式としては、最も普及しているMP3® (MPEG-1/2 audio layer-3) や著作権保護機能を持つ WMA (Windows Media Audio)、高音質が特徴である AAC (Advanced Audio Coding) などがある。

削除

商品の宣伝

検定後：

④ OSの種類

Linuxサーバなどとサーバの種類は複数あるが、OSの種類やそのサーバにインストールされているソフトウェアによって使える機能が異なるので確認する。

検定意見：特定の商品の宣伝になるおそれがある。

申請図書：

【商業・電子商取引】東京法令　〔商品の宣伝〕

④ OSの種類

Linuxサーバと Windowsサーバが多いが、OSの種類やそのサーバにインストールされているソフトウェアによって使える機能が異なるので確認する。

切手の扱い

検定意見：切手の扱いが公正でない。

申請図書：

【農業・グリーンライフ】実教　〔切手の扱い〕

2018年度用 小学校道徳・高等学校教科書の採択結果

◆教科書業界・採択全体の動き

　2017年の夏に行われた高等学校用の教科書採択結果を中心に報告する。小学校教科書の採択対象は道徳のみだったためである。採択された教科書は、2018年4月から使用されている。採択データについては、p.70以下をご覧いただきたい。

★「特別の教科 道徳」の採択結果

　小学校の「特別の教科 道徳」の採択結果は下記のようになった。4月から採択された検定教科書による授業が行われている。種々の問題がいっそう明らかとなり、教育現場は混乱していると言える。

★中学「特別の教科 道徳」・次期学習指導要領への対応

　続いて2017年夏には中学道徳の検定が行われた。その採択結果の分析は次号で行うが、教科書内容は小学校同様種々の問題を内包している（p.2）。道徳を除く各教科科目について、次期学習指導要領が告示された（p.34に新旧比較表）。教科書づくりの現場では、すでに次期教科書の編集作業が進んでいる。

★老舗の撤退

　教科書発行者番号（文科省が付けている）の本稿執筆時点の最終番号は232であった。道徳教科書発行者「廣済堂あかつき」が、発行者番号232となる。ここに、中学道徳教科書発行者として「日本教科書」が参入した（p.7）。日本教科書の発行者番号233が早晩追加となる。

　本誌読者には釈迦に説法だが、発行者番号が233だから233社全部が教科書を発行しているかといえばそうではない。2017年度は、小中高で48社が業界を形成している（p.80）。発行者番号1であった日本書籍はじめ、撤退・廃業したところが、184社ある。今回も発行者番号19の

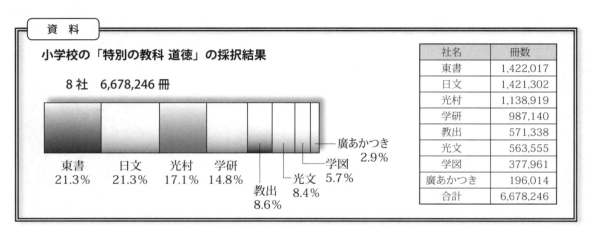

資料

小学校の「特別の教科 道徳」の採択結果

8社　6,678,246冊

東書 21.3%／日文 21.3%／光村 17.1%／学研 14.8%／教出 8.6%／光文 8.4%／学図 5.7%／廣あかつき 2.9%

社名	冊数
東書	1,422,017
日文	1,421,302
光村	1,138,919
学研	987,140
教出	571,338
光文	563,555
学図	377,961
廣あかつき	196,014
合計	6,678,246

英語教科書の老舗「開拓社」が採択0となった。事実上撤退したとみられるが、引き続き語学書・参考書・教材の発行を続けている。工業高校用の山下「電気基礎」（発行者番号228）は、前回から採択が0であり、今回も0であった。2012年に、当時大学生であった山下明氏が個人で検定申請した。検定合格後、2013年4月から少部数ではあったが採択されていた。山下氏は、現在は学校現場で教諭として実践の成果を雑誌に投稿したり、検定のない単行本を執筆したりしている。

◆小中高全体の採択冊数

表1（p.70）は、例年どおり小中高合計採択冊数の上位35位を示した。昨年新規参入のいいずな書店が、倍増となった。マイナスにならなかったのは、いいずなを除くと9社であった。小中高合計冊数では756万冊増となっているが、小学校道徳の分（分冊込みで867万冊）が純増となっているため、それを除くと約110万冊の減である。業界としては中堅の発行会社が毎年1社消滅するくらいのマイナス傾向であり、昨年は大修館の高校総冊数とほぼ同値の減であった。

業界全体としては今回と次回、道徳の分が増加となるが、では、高校教科書全体ではどうか。今回の高校教科書発行者は38社で、冊数は3089万冊（分冊を1冊とすると2992万冊）となり、20万冊（同19万冊）ほどの減となった。高校上位10社の構成に変動はなく、占有率約87％も変わらなかった。

◆高校教科書、教科ごとの動き

★国語
〔国語総合〕引き続き9社24点が採択対象となった。東書・第一・大修館・三省堂の占有率をグラフに示した（p.71）。その他5社は、教出・数研・桐原・明治・筑摩である。

〔国語表現〕5社のうち3社（大修館・教出・第一）が改訂版を出した。教出は旧版も発行を続けたため6点が採択対象となった（前回は5点）。

〔現代文A〕5社5点の市場である。東書と第一は改訂版となった。

〔現代文B〕発行者9社だが、改訂版・新版・旧版が混在し、25点が採択対象となった。創業100年という老舗の右文書院が前回撤退し、文英堂が発行を継承している。

〔古典A〕発行者は引き続き7社だが、改訂版・旧版合わせて12点が採択対象となった。

〔古典B〕発行者10社は変わらないが、Aと同じく改訂版・旧版25点が採択対象となった。文英堂は前回から右文を引き継いでいる。

★地歴
〔世界史A〕の市場規模は微減となった。山川が、旧版発行を行わなかったので、6社9点が採択対象となった。帝国「明解世界史A」の強さが維持された。

〔世界史B〕山川が旧版発行を取りやめた。4社7点が採択対象となった。山川「詳説世界史」が単独で市場の半分を占有した。

〔日本史A〕でも、山川が旧版を発行しなかったので、5社7点が採択対象となった。第一は、1点で27％を占有した。山川は2点で29％弱の占有に留まっていると見るべきだろう。〔日本史B〕でも、山川「詳説日本史」旧版が発行されなかったので、5社8点が採択対象となった。山川「詳説日本史B改訂版」単独で63.5％である。明成社については別に報告した（p.75）。

〔地理A〕5社6点は変わりなかった。帝国が2点でほぼ60％を占有する。清水は、占有率1.6％・6400冊の採択だが、他の4社はほぼ4万冊を超えるので、採算点はクリアしていると推測される。

〔地理B〕3社3点に変化はなかった。帝国の占有率は71.7％。

〔地図〕前回と同じく3社8点が採択対象で、帝国は8割以上の占有率である。

★公民
〔現代社会〕8社12点に変化はなかった。順位は、実教（2点）が僅差で首位（前回は第一）、第一（2点）が2位、東書（1点）が3位だが、単独では東書「現代社会」が25％を占有した。

〔倫理〕山川が旧版の発行を取りやめたので、6

社7点が採択対象となった。単独で東書「倫理」が25%を占有した。

〔政治経済〕6社10点が採択対象となった（前回6社9点）。実教（3点）が31.2%だが、東書は1点で約27%を占有した。

★数学

〔数学Ⅰ〕発行者数5は変わらない。啓林館が旧版の発行を取りやめたものの、各社が新刊旧版継続発行も行ったので、26点が採択対象となった。

〔数学Ⅱ〕改訂版と旧版とが混在している。32点が採択対象になったが、たとえば実教の「数学Ⅱ」は、55冊の採択である。

〔数学Ⅲ〕前回と同じく5社14点が採択対象となった。数研（4点）が、67%を占有した。引き続き数研の寡占化市場といえる。

〔数学A〕啓林館が旧版発行を取りやめた。27点が採択対象となった。数研（10点）で約60%を占め、東書（5点）が約24%で続く。

〔数学B〕改訂版・旧版が混在している。5社31点が採択対象となった。数研（10点）が、66%を占有した。

〔数学活用〕2万4千冊（前回2万7千冊）の市場。実教と啓林館との2社のみが引き続き参入し、おおむね8対2の占有状況も変動なしであった。

★理科

〔科学と人間生活〕前回から5社7点発行となり、今回は変動はなかった。

〔物理基礎〕啓林館が旧版発行を取りやめた。発行者は5社で11点が採択対象となった。

〔物理〕5社10点が採択対象となった（前回は5社6点）。

〔化学基礎〕啓林館が旧版の発行を取りやめた。よって発行者5社は変わりないが、採択対象は前回14点から13点となった。〔化学〕には各社が改訂版を発行した。旧版も残ったため5社12点（前回は7点）が採択対象となった。

〔生物基礎〕啓林館が旧版発行を取りやめたので、12点が採択対象となった（前回は5社13点）。

〔生物〕第一・東書・啓林館・実教がそれぞれ改訂版を発行したで、前回5社5点であった市場が、5社9点となった。

〔地学基礎〕5社7点が採択対象で、占有率などに大きな変動はなかった。

〔地学〕啓林館が改訂版を投入した。前回2社2点の市場が、2社3点となり、啓林館の占有率はほぼ80%に近づいた。

〔理科課題研究〕引き続き教科書が発行されていない。

★保健体育

約126万（前回127万3千冊）の市場を大修館2点と第一1点で分け合っている。大修館の独占はいささかも揺るがなかった。98%超の占有率である。第一の採択冊数は約2万3千冊で変動はない。

★芸術

〔音楽Ⅰ〕前回3社7点が採択対象であったが、今回、教出が旧版の発行を取りやめたので3社6点が採択対象となった。教芸の占有率が約53%まで上昇した。

〔音楽Ⅱ〕3社6点に変わりはない。教芸がここでも占有率を50%超に伸ばした。

〔音楽Ⅲ〕教芸が51%超まで伸ばした。

〔書道Ⅰ〕前回に引き続いて光村が約35%を占有する。教図は、2点を発行し占有率19%で微増であった。

〔書道Ⅱ〕発行4社がそれぞれ改訂版を発行し、5点が採択対象となった。光村が前回から10%強占有率を伸ばした。

〔書道Ⅲ〕書道Ⅰ・Ⅱと少し状況が異なる結果となった。教図が10%ほどではあるが光村を上回る占有率を獲得した。教出と東書とはほぼ同じ占有率（19%）となった。総冊数1万4千冊の小さな市場だが、歴史教科書や理数のような寡占化市場と比べると、正常な市場状況と言える。

〔美術Ⅰ〕前回は、日文3点、光村1点が採択対象となった。今回、光村の占有率が下がり、日文が3点で約70%を占有し、寡占化は進んだ。

〔美術Ⅱ〕日文が新刊を発行し2点となったため、

前回、光村が約60%、日文40%であったところが日文63%となり、寡占化が進んだ。

〔美術Ⅲ〕前回は光村が約51%を占有したが、今回は日文が逆転した。美術Ⅰ〜Ⅲで、引き続き日文と光村の2社だけの発行となった。

★英語

前回約490万冊の市場から約488万冊へとここ数年市場はわずかずつ縮小している。

〔コミュニケーション英語基礎〕前回から2社が各1点発行されたが、三友の占有率93%は、ほとんど揺るぎがない。ただ、チアーズが、参入してからわずかずつ採択増となっている。

〔コミュニケーション英語Ⅰ〕本稿冒頭に記した開拓社の撤退があった。また、啓林館が旧版1点を発行取りやめた。チアーズも1点を発行を中止した。これらにより、13社33点が採択対象となった。10万冊を超えた書名は、東書「All Abroad!」と三省堂「Crown」であった。さらに占有率合計が10%を超えているのは、p.74のグラフのとおり、東書・三省堂・啓林館・数研の4社であり、4社で70%を少し超える占有率となる。他教科では、1社がほとんど独占という実態がある中、英語では、多種の教科書が供給されているといえるかもしれない。

〔コミュニケーション英語Ⅱ〕開拓社の撤退および三友社が1点を発行中止としたものの、三友社とチアーズが参入し、さらには改訂版と旧版とが混在する市場となった。以上により13社41点が採択対象となった。首位の三省堂「Crown」の占有率は8%弱、約9万2千冊の採択であり、多種多様な教科書が確保されている。

〔コミュニケーション英語Ⅲ〕11社22点が採択対象となった。書名としては三省堂の2点「Crown」（10.5%、約8万冊）と「Myway」（約9%、6万8千冊）とでワン・ツーの採択を獲得したが、発行者別の占有率では啓林館が三省堂を上回った。

〔英語表現Ⅰ〕わずかに市場が大きくなった前回と比べると市場としては微減となった。いいずなが前回参入したが、今回は開拓社の撤退および啓

林館が旧版1点の発行を取りやめた。いっぽう桐原が参入し、チアーズが1点を追加発行した。以上により15社29点が採択対象となった。今回は、啓林館（4点発行）・数研（3点発行）・三省堂（3点発行）・いいずな（2点発行）までで71%の占有率となる。ちなみに首位と2位を啓林館の「Standard」と「Advanced」とで占有した。

〔英語表現Ⅱ〕いいずなが参入した。また、改訂版と旧版とが混在し、12社25点が採択対象となった。Ⅰと同じように啓林館「Ace」「Hope」とがワン・ツーとなった。いいずなは11%、7万2千冊の採択となった。

〔英語会話〕前回と同様5社5点が採択対象となった。約17万冊であった市場は、16万冊強に縮小した。東書の1点で41%という占有率は、多種多様な市場の英語では、高占有率である。ただ、三省堂23.8%、啓林館16.2%、文英堂約16%、チアーズ3.2%という数字からは、独占的な状況がある他教科と様子が異なるといってよいだろう。

★家庭

〔家庭基礎〕発行者は変わっていない。前回から6社12点が採択対象となっている。東書は1点で36%を占有する。実教が、わずかに占有率を上げた（前回29%）。

〔家庭総合〕6社7点の採択対象に変わりはない。東書と大修館が前回よりも少し占有率を上げたが、全体としての市場状況に変化はないといえる。なお、家庭科〔生活デザイン〕は、引き続き実教のみが1点を発行した。市場規模は前回の約8000冊から7200冊へと減少した。

★情報

〔社会と情報〕6社13点が採択対象という状況は変わっていない。実教と東書とが、わずかに占有率をあげた。

〔情報の科学〕前回第一が参入し5社8点が採択対象となった。今回も変化はない。日文と第一とがわずかに占有率をあげた。

資　料

2018年度用
高等学校教科書の採択データ

表1　小・中・高校用教科書発行者別採択冊数（上位35社のみ）（単位：万冊　千冊以下は四捨五入）　▲はマイナスを表す

	小学校				中学校				高等学校				合計				
	2017年度(万冊)	(%)	2018年度(万冊)	(%)	2017年度(万冊)	(%)	2018年度(万冊)	(%)	2017年度(万冊)	(%)	2018年度(万冊)	(%)	2017年度(万冊)	(%)	2018年度(万冊)	(%)	増減(万冊)
東書	1,600	26.7%	1,737	25.4%	778	23.8%	764	23.8%	567	18.2%	564	18.3%	2,945	23.8%	3,065	23.3%	120
光村	933	15.7%	1,044	15.3%	317	9.7%	311	9.7%	35	1.1%	324	10.5%	1,285	10.4%	1,388	10.6%	102
教出	846	14.1%	903	13.2%	272	8.3%	271	8.5%	84	2.7%	79	2.6%	1,202	9.7%	1,252	9.5%	50
啓林館	559	9.3%	558	8.2%	468	14.3%	462	14.4%	197	6.3%	205	6.6%	1,224	9.9%	1,224	9.3%	1
日文	649	10.8%	927	13.5%	233	7.1%	228	7.1%	53	1.7%	55	1.8%	935	7.6%	1,210	9.2%	275
教芸	467	7.8%	466	6.8%	342	10.4%	333	10.4%	35	1.1%	36	1.2%	844	6.8%	836	6.4%	▲ 8
開隆堂	310	5.2%	308	4.5%	216	6.6%	207	6.5%	16	0.5%	15	0.5%	542	4.4%	530	4.0%	▲ 12
数研					19	0.6%	19	0.6%	511	16.4%	511	16.5%	530	4.3%	530	4.0%	0
実教									426	13.7%	426	13.8%	426	3.4%	426	3.2%	0
帝国	89	1.5%	88	1.3%	192	5.9%	186	5.8%	136	4.4%	137	4.4%	417	3.4%	411	3.1%	▲ 6
学図	199	3.3%	273	4.0%	100	3.1%	94	2.9%					299	2.4%	367	2.8%	68
大日本	209	3.5%	209	3.1%	129	3.9%	126	3.9%					339	2.7%	335	2.6%	▲ 3
第一									325	10.4%	314	10.2%	325	2.6%	314	2.4%	▲ 10
三省堂	12	0.2%	13	0.2%	126	3.8%	122	3.8%	135	4.3%	126	4.1%	272	2.2%	260	2.0%	▲ 12
大修館					14	0.4%	13	0.4%	219	7.0%	219	7.1%	232	1.9%	233	1.8%	0
学研	90	1.5%	189	2.8%	46	1.4%	45	1.4%					136	1.1%	233	1.8%	97
山川									103	3.3%	102	3.3%	103	0.8%	102	0.8%	▲ 1
光文	17	0.3%	73	1.1%									17	0.1%	73	0.6%	56
桐原									40	1.3%	45	1.5%	40	0.3%	45	0.3%	5
あかつき			39	0.6%											39	0.3%	39
教図	0	0.0%			6	0.2%	6	0.2%	32	1.0%	30	1.0%	38	0.3%	36	0.3%	▲ 2
清水					3	0.1%	3	0.1%	26	0.8%	25	0.8%	29	0.3%	27	0.2%	▲ 1
筑摩									30	1.0%	27	0.9%	30	0.2%	27	0.2%	▲ 0
文英堂									24	0.8%	21	0.7%	24	0.2%	21	0.2%	▲ 3
明治									24	0.8%	21	0.7%	24	0.2%	21	0.2%	▲ 3
二宮									18	0.6%	18	0.6%	18	0.1%	18	0.1%	▲ 0
増進堂									15	0.5%	17	0.6%	15	0.1%	17	0.1%	1
いいずな									8	0.3%	16	0.5%	8	0.1%	16	0.1%	8
育鵬社					14	0.4%	14	0.4%					14	0.1%	14	0.1%	▲ 0
東法									13	0.4%	13	0.4%	13	0.1%	13	0.1%	▲ 0
信教	11	0.2%	11	0.2%									11	0.1%	11	0.1%	▲ 0
友社									11	0.4%	10	0.3%	11	0.1%	10	0.1%	▲ 1
三友									6	0.2%	5	0.2%	6	0.0%	5	0.0%	▲ 1
文教社	5	0.1%	5	0.1%									5	0.0%	5	0.0%	▲ 1
農文協									4	0.1%	3	0.1%	4	0.0%	3	0.0%	▲ 0
合計	5,996		6,844		3,444		3,204		3,109		3,089		12,381		13,137		756

※各社の冊数は、分冊もそれぞれ計上している。また、この資料は実際に各校へ供給される確定注文数である。
このため、p.71以降のグラフにおける冊数を示す数値とは異なる。

資料 2018年度用 高等学校教科書の採択データ

図1 2018年度用高等学校各教科別・発行者別占有率 （合計冊数は千未満四捨五入）

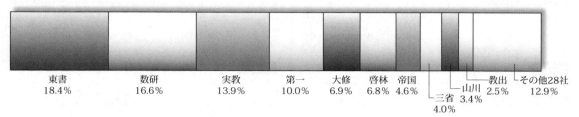

- 比率の合計は端数処理の関係で100%にならない場合もある。
- 科目は、2分冊のものは2冊で1点とした。その場合には、採択冊数を1/2に換算して表記している。
- 各科目の冊数は、分冊は1冊として計上している。また、この資料は採択年度用の予測部数である。このため、p.70の表1における数値とは異なる。

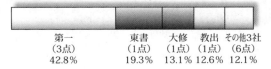

教科書レポート 2018 ― No.61 ―

71

地理A 398,000冊（5社6点）
| 帝国(2点) 57.6% | 第一(1点) 15.8% | 東書(1点) 15.3% | 二宮(1点) 9.7% | 清水(1点) 1.6% |

地理B 274,000冊（3社3点）
| 帝国(1点) 71.7% | 二宮(1点) 15.1% | 東書(1点) 13.2% |

地図 708,000冊（3社8点）
| 帝国(3点) 82.0% | 二宮(4点) 14.0% | 東書(1点) 4.0% |

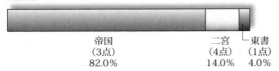

現代社会 1,104,000冊（8社12点）
| 実教(2点) 27.1% | 第一(2点) 25.9% | 東書(1点) 25.3% | 帝国(1点) 7.8% | その他4社(6点) 13.9% |

倫理 278,000冊（6社7点）
| 東書(1点) 25.1% | 清水(2点) 24.0% | 実教(1点) 22.0% | 第一(1点) 17.1% | その他2社(2点) 11.8% |

政経 482,000冊（6社10点）
| 実教(3点) 31.2% | 東書(1点) 26.8% | 第一(2点) 22.8% | 清水(2点) 9.9% | その他2社(2点) 9.3% |

数学Ⅰ 1,244,000冊（5社26点）
| 数研(10点) 55.8% | 東書(5点) 25.0% | 実教(4点) 9.1% | 啓林(4点) 7.0% | 第一(3点) 3.2% |

数学Ⅱ 988,000冊（5社32点）
| 数研(10点) 59.8% | 東書(5点) 23.0% | 啓林(6点) 7.5% | 実教(6点) 6.7% | 第一(5点) 3.1% |

数学Ⅲ 252,000冊（5社14点）
| 数研(4点) 67.0% | 東書(2点) 19.9% | 啓林(3点) 7.8% | 実教(3点) 3.0% | 第一(2点) 2.4% |

数学A 1,063,000冊（5社27点）
| 数研(10点) 58.7% | 東書(5点) 23.8% | 啓林(4点) 7.5% | 実教(4点) 6.8% | 第一(4点) 3.2% |

数学B 631,000冊（5社31点）
| 数研(10点) 66.4% | 東書(5点) 19.8% | 啓林(6点) 7.9% | 実教(5点) 3.5% | 第一(5点) 2.5% |

数学活用 24,000冊（2社2点）
| 実教(1点) 85.0% | 啓林(1点) 15.0% |

科学と人間生活 432,000冊（5社7点）
| 東書(1点) 26.5% | 第一(2点) 22.6% | 実教(1点) 19.9% | 啓林(1点) 16.7% | 数研(2点) 14.3% |

物理基礎 716,000冊（5社11点）
| 数研(2点) 39.0% | 東書(2点) 20.5% | 第一(2点) 20.4% | 啓林(3点) 12.7% | 実教(2点) 7.3% |

物理 211,000冊（5社10点）
| 数研(2点) 55.5% | 啓林(3点) 15.9% | 第一(2点) 12.7% | 東書(1点) 12.1% | 実教(2点) 3.8% |

化学基礎 1,016,000冊（5社13点）
| 東書(2点) 36.1% | 数研(3点) 26.1% | 第一(3点) 14.4% | 実教(3点) 14.3% | 啓林(2点) 9.0% |

資料　2018年度用 高等学校教科書の採択データ

化学　336,000冊（5社12点）

東書	数研	実教	啓林	第一
(2点)	(2点)	(4点)	(2点)	(2点)
33.3%	31.6%	12.4%	11.6%	11.1%

生物基礎　1,069,000冊（5社12点）

数研	東書	第一	実教	啓林
(2点)	(2点)	(4点)	(2点)	(2点)
32.6%	26.3%	20.1%	11.4%	9.6%

生物　256,000冊（5社9点）

数研	東書	第一	啓林	実教
(1点)	(2点)	(2点)	(2点)	(2点)
38.6%	26.8%	17.5%	11.6%	5.4%

地学基礎　331,000冊（5社7点）

啓林	第一	東書	数研	実教
(2点)	(1点)	(1点)	(2点)	(1点)
30.6%	27.8%	18.8%	11.5%	11.3%

地学Ⅱ　12,000冊（2社3点）

啓林	数研
(2点)	(1点)
77.7%	22.3%

保健体育　1,259,000冊（2社3点）

大修	第一
(2点)	(1点)
98.2%	1.8%

音楽Ⅰ　547,000冊（3社6点）

教芸	教出	友社
(2点)	(2点)	(2点)
52.7%	32.6%	14.7%

音楽Ⅱ　126,000冊（3社6点）

教芸	教出	友社
(2点)	(2点)	(2点)
51.1%	34.0%	14.9%

音楽Ⅲ　23,000冊（3社3点）

教芸	教出	友社
(1点)	(1点)	(1点)
51.2%	33.6%	15.2%

書道Ⅰ　337,000冊（4社5点）

光村	東書	教出	教図
(1点)	(1点)	(1点)	(1点)
34.8%	25.1%	21.1%	19.0%

書道Ⅱ　82,000冊（4社5点）

光村	教図	教出	東書
(1点)	(2点)	(1点)	(1点)
34.2%	23.6%	23.3%	18.9%

書道Ⅲ　14,000冊（4社4点）

教図	光村	教出	東書
(1点)	(1点)	(1点)	(1点)
35.0%	26.1%	19.5%	19.4%

美術Ⅰ　421,000冊（2社4点）

日文	光村
(3点)	(1点)
69.6%	30.4%

美術Ⅱ　100,000冊（2社3点）

日文	光村
(2点)	(1点)
63.2%	36.8%

美術Ⅲ　20,000冊（2社2点）

日文	光村
(1点)	(1点)
50.6%	49.4%

コミュニケーション英語基礎　47,000冊（2社2点）

三友	チアーズ
(1点)	(1点)
93.2%	6.8%

教科書レポート2018 ─ No.61 ─

コミュニケーション英語Ⅰ 1,253,000冊（13社33点）

東書 （3点） 21.2%	三省 （3点） 21.1%	啓林 （4点） 16.3%	数研 （3点） 12.1%	その他9社 （20点） 29.4%

コミュニケーション英語Ⅱ 1,106,000冊（13社41点）

三省 （5点） 20.7%	東書 （4点） 19.8%	啓林 （5点） 17.8%	数研 （3点） 12.2%	その他9社 （24点） 29.5%

コミュニケーション英語Ⅲ 764,000冊（11社22点）

啓林 （3点） 20.8%	三省 （2点） 19.4%	東書 （3点） 16.8%	数研 （2点） 10.3%	その他7社 （12点） 32.6%

英語表現Ⅰ 902,000冊（15社29点）

啓林 （4点） 34.2%	数研 （3点） 15.0%	三省 （3点） 12.2%	いいずな （2点） 10.2%	その他11社 （17点） 28.5%

英語表現Ⅱ 649,000冊（12社25点）

啓林 （3点） 37.2%	数研 （3点） 19.9%	いいずな （1点） 11.1%	三省 （4点） 10.9%	その他8社 （14点） 20.9%

英語会話 163,000冊（5社5点）

東書 （1点） 41.0%	三省 （1点） 23.8%	啓林 （1点） 16.2%	文英 （1点） 15.9%	チアーズ （1点） 3.2%

家庭基礎 966,000冊（6社12点）

東書 （1点） 36.1%	実教 （3点） 29.9%	教図 （4点） 12.9%	大修 （2点） 8.7%	その他2社 （2点） 12.3%

家庭総合 254,000冊（6社7点）

東書 （1点） 44.3%	実教 （1点） 21.7%	大修 （1点） 9.3%	教図 （2点） 9.2%	その他2社 （2点） 15.6%

社会と情報 862,000冊（6社13点）

実教 （2点） 46.1%	東書 （2点） 19.6%	日文 （4点） 14.3%	数研 （3点） 13.3%	その他2社 （2点） 6.6%

情報の科学 192,000冊（5社8点）

実教 （2点） 47.2%	日文 （2点） 20.7%	東書 （1点） 18.6%	数研 （2点） 10.9%	第一 （1点） 2.5%

資料　2018年度用 高等学校教科書の採択データ

明成社『最新日本史B』の採択結果

　事実上、日本会議が作成したというべき明成社2018年度用『最新日本史B』教科書の採択結果（2017年度採択）をお伝えする。

　初版（原書房から刊行）の採択校数は32校で、冊数は8,321冊であった。2018年度用教科書は、採択校数こそこれと同じだが（昨年比1校減）、冊数は4,000を割っており、初版の半分以下、過去10年では最低となっている。

　採択校を見ると、「いかにも」と思えるような右派新宗教系、あるいは右翼的な経営者がいる「固定客」の私立高校が大半を占める。公立高校は岐阜県で1校、愛媛県11校、福岡県5校となっている。福岡県立高校の採択には、本教科書の著者であった占部賢志・元教諭の存在が大きかったと思われるが、同氏が定年退職してからはその影響力も弱まってきたようである。

　一方、愛媛県立高校では毎年採択校が突出して増えており、2018年度用でも小田高校が新たに採択した。愛媛県は公立中学校でも育鵬社版の採択が多いが、これは加戸守行・前知事のもとで進行した事態である。加計学園（岡山理科大学）の獣医学部問題の舞台であることも含め、政治的な意図を感じないわけにはいかない。

　学校ごと採択では、このような教科書は上述のような学校以外には広まらないことを証明するものである。

　なお、この教科書の来歴については、本誌昨年号（No.60）p.91をご参照いただきたい。

- -

　昨年号の採択校で、りら創造芸術（三重・30冊）と内子（愛媛・30冊）が抜けていました。お詫びして訂正します。なお合計冊数は変わりません。

『最新日本史』（明成社）採択校と冊数

都道府県	設置者	校　名（「高等学校」略）		部　数	
				2018年度用	2017年度用
青森	私立	大和山学園松風塾		22	15
茨城	私立	水戸女子		66	65
栃木	私立	幸福の科学学園		41	41
埼玉	私立	狭山ヶ丘		169	108
千葉	私立	拓殖大学紅陵		442	450
東京	私立	京華商業		192	192
東京	私立	八王子実践		450	576
岐阜	私立	本巣松陽		108	102
岐阜	私立	麗澤瑞浪		183	193
静岡	私立	オイスカ	○	0	61
三重	私立	皇学館		243	273
三重	私立	津田学園		181	264
三重	私立	津田学園中・高		22	15
三重	私立	りら創造芸術	○	0	30
岡山	私立	岡山学芸館		413	533
広島	私立	尾道		111	80
島根	私立	立正大学淞南		76	75
愛媛	県立	土居		37	34
愛媛	県立	新居浜南		28	14
愛媛	県立	今治東中等		10	22
愛媛	県立	弓削		25	17
愛媛	県立	松山北中島分校		19	25
愛媛	県立	小田	●	20	0
愛媛	県立	内子		20	30
愛媛	県立	川之石		4	6
愛媛	県立	三崎		25	33
愛媛	県立	三瓶		7	12
愛媛	県立	三間		16	22
福岡	県立	山門		38	56
福岡	県立	八女		66	81
福岡	県立	福島		42	31
福岡	県立	朝倉		131	121
福岡	県立	大牟田		119	114
熊本	私立	勇志国際　通信制		605	606
		計		3,931	4,297

●：新規採択の学校　　　○：採択をやめた学校

資　料

教科用図書検定調査審議会委員一覧

2018年（平成30年）4月1日現在、文部科学省発表資料

教科用図書検定調査審議会　委員名簿

相崎　冬美	前岐阜県立揖斐高等学校長
荒木　教夫	白鷗大学教授
飯田　薫	東京都多摩教育事務所指導課教育専門員
鵜澤　文子	東京女子体育大学教授
岡崎　浩子	千葉県立中央博物館主任上席研究員
小方　伴子	二松學舍大學教授
小柳　和子	情報セキュリティ大学院大学名誉教授
上沼　克徳	神奈川大学教授
神村　信男	前光市立大和中学校校長
川窪　伸光	岐阜大学教授
河原加代子	首都大学東京教授
黒沢　文貴	東京女子大学教授
氣多　雅子	元京都大学大学院教授
齋藤　典彦	東京藝術大学教授
重原　淳孝	東京農工大学名誉教授
清水　順子	学習院大学教授
下山　晴彦	東京大学大学院教授
高山　晴子	城西大学准教授
谷田　増幸	兵庫教育大学大学院教授
塚原　康子	東京藝術大学教授
中野　伸	学習院大学教授
東　賢司	愛媛大学教授
日野　正輝	中国学園大学教授
松井　勤	岐阜大学教授
三嶋　輝夫	元青山学院大学教授
森　公章	東洋大学教授
山内　進	一橋大学名誉教授
山内　豊	創価大学教授
横山　弥生	東京家政学院大学名誉教授
吉江由美子	東洋大学教授

教科用図書検定調査審議会　臨時委員名簿

足羽與志子	一橋大学大学院教授

安達　知子	社会福祉法人恩賜財団母子愛育会総合母子保健センター愛育病院長
荒川　洋	東京都教職員研修センター学習支援専門員
荒川　裕子	法政大学教授
家近　亮子	敬愛大学教授
井川　信子	流通経済大学教授
池田　幸弘	慶應義塾大学教授
伊藤　悟	金沢大学教授
伊藤　俊典	港区立白金の丘学園小・中学校長
位野木万里	学校法人工学院大学教授
井野瀬久美惠	甲南大学教授
岩井　晃子	大阪府柏原市立国分中学校長
上田　和紀	早稲田大学教授
上野　勝敏	東京都立富士高等学校・同附属中学校　統括校長
梅林　博人	相模女子大学教授
江口　卓	駒澤大学教授
枝重　圭祐	高知大学教授
恵美千鶴子	東京国立博物館百五十年史編纂室長
大池　公紀	明海大学教授
大石　京子	台東区立浅草小学校長
大久保尚子	宮城学院女子大学教授
大倉　泰裕	千葉県立松戸向陽高等学校教諭
小賀野晶一	中央大学教授
奥　聡一郎	関東学院大学教授
小田原　修	特定非営利活動法人プロサップ代表理事
小野　正弘	明治大学専任教授
小野寺　淳	茨城大学教授
金井光太朗	元東京外国語大学教授
金子　光一	東洋大学教授
加納　幹雄	岐阜聖徳学園大学教授
神田　由築	お茶の水女子大学大学院教授
木下　美紀	福岡県新宮町立新宮北小学校主幹教諭
久保　博子	奈良女子大学教授
熊木　洋太	専修大学教授

熊本　史雄	駒沢大学教授
河野　克典	横浜国立大学教授
小谷　眞男	お茶の水女子大学教授
小西　大	一橋大学大学院教授
小林　和幸	青山学院大学教授
小林万里子	岡山大学大学院准教授
斎藤　弘子	東京外国語大学教授
齋藤　博志	専修大学特任教授
櫻井　隆	自然科学研究機構国立天文台名誉教授
佐々木史郎	東京国立博物館付部長
笹原　秀之	さいたま市立南浦和小学校長
佐藤　民男	中野区立美鳩小学校長
佐藤　美緒	江戸川区立二之江小学校長
佐藤　之彦	千葉大学大学院教授
潮谷　有二	長崎純心大学教授
柴田　里実	常葉大学准教授
渋谷　紀子	総合母子保健センター愛育クリニック小児科部長
渋谷まさと	女子栄養大学短期大学部教授
白砂堤津耶	東京女子大学教授
菅　浩江	小説家
菅原　敬	首都大学東京准教授
鈴木恵美子	元お茶の水女子大学大学院教授
鈴木　栄	東京女子大学教授
鈴木　太朗	東京藝術大学准教授
鈴木　裕司	新日本有限責任監査法人・シニアパートナー公認会計士
関根　明伸	国士舘大学教授
染谷　和美	久喜市立久喜東小学校長
高橋　順一	弁護士
高橋　基之	実践女子学園中学校高等学校長
武田　淳	横浜国立大学大学院教授
武田　知己	大東文化大学教授
田中　圭一	堺市立美原西中学校長
田中　優希	法政大学准教授
谷　正人	神戸大学大学院准教授

資料　教科用図書検定調査審議会委員一覧

谷井　孝至	早稲田大学教授
茅野　理子	宇都宮大学教授
寺田　至	東京大学大学院准教授
德満　哲夫	前渋谷区立神南小学校長
直田　益明	世田谷区立芦花中学校長
永井　香織	日本大学准教授
長岡　佳孝	山形市立第十小学校長
中里　裕一	日本工業大学教授
永野　幸一	筑波大学講師
中村　哲	桃山学院教育大学教授
中村　宗孝	稲城市立稲城第六中学校主任教諭
新飯田潤一	板橋区立赤塚第一中学校長
西川　健二	横浜市立西富岡小学校長
野口　哲子	奈良先端科学技術大学院大学監事
野中　繁	学校法人武蔵野大学教授
乗本　秀樹	三重大学名誉教授
萩原　聡	東京都立西高等学校長
硲　茂樹	白梅学園清修中学校長
橋本　惠	南山大学名誉教授
早川　修一	練馬区立向山小学校長
早川　裕隆	上越教育大学大学院教授
原田　正樹	日本福祉大学教授
伴　琢也	東京農工大学准教授
平垣内　清	宮城教育大学教授
平山　龍水	東京国際大学教授
福田　孝	武蔵野大学教授
古島そのえ	藤沢市立鵠南小学校教頭
前田　研一	首都大学東京名誉教授
松谷有希雄	国際医療福祉大学副学長
松永加也子	北海道教育大学教授
三沢　伸生	東洋大学教授
水谷　光一	墨田区立緑小学校長
宮本　洋子	電気通信大学大学院准教授
村上　隆	共立女子大学副学長
村田　潔	明治大学教授
村田　吉彦	東京都立小金井北高等学校主任教諭
森下　直貴	浜松医科大学教授
矢後　勝也	東京大学助教
安良岡章夫	東京藝術大学理事（教育担当）
柳　和久	株式会社北越銀行常勤顧問
柳瀬　典由	東京理科大学教授

八巻　敏幸	大阪府立桃谷高等学校長
山口　光治	淑徳大学副学長
山家　浩樹	東京大学教授
吉井　啓子	明治大学教授
義永　睦子	武蔵野大学教授
和気　純子	首都大学東京大学院教授
渡辺　裕美	東洋大学教授
渡辺　雅仁	横浜国立大学教授

教科用図書検定調査審議会 専門委員名簿

飯尾　能久	京都大学教授
石川千佳子	宮崎大学教授
石田　靖弘	中村学園大学准教授
伊関　敏之	北見工業大学教授
磯部　一雄	札幌市立北野台中学校教諭
生形　章	秀明大学教授
卜部　厚志	新潟大学准教授
Adrian Leis	宮城教育大学准教授
大森　正博	お茶の水女子大学大学院教授
岡谷　敦夫	長岡造形大学准教授
小川　育子	香川大学教授
奥山　慶洋	白鷗大学准教授
加賀美　猛	甲府市立中道南小学校長
笠原　宏	埼玉県立浦和高等学校非常勤講師
金澤　洋子	聖心女子大学教授
亀﨑　美苗	埼玉大学准教授
菊池　幸夫	国立音楽大学教授
岸本　勇夫	独立行政法人製品評価技術基盤機構技監
木村　隆史	豊島区立豊成小学校主幹教諭
熊谷紫麻見	日本大学教授
高坂　葉月	元九州大学学術研究員
小島　嘉之	上尾市立富士見小学校教諭
斎　孝則	桜花学園大学教授
榊原　久子	羽生市立手子林小学校長
佐藤たまき	東京学芸大学准教授
真田　久	筑波大学教授
Jeffrey Miller	白鷗大学教授
Jerry Miller	山形大学准教授
柴田　和美	石川県教育センター担当課長
嶋田　和成	高崎健康福祉大学准教授
城　佳世	九州女子大学准教授

Jon Dujmovich	慶應義塾大学非常勤講師
John Philip Oliphant of Rossie	早稲田大学非常勤講師
Scott Johnston	大阪女学院大学教授
鈴木　俊彰	横浜国立大学教授
高橋妃彩子	玉川大学教師教育リサーチセンター客員教授
髙橋　秀樹	國學院大學准教授
高橋　正憲	東京都立新宿山吹高等学校教諭
Douglas Gloag	山形大学准教授
田中　芳文	島根県立大学教授
田邊　洋子	大妻女子大学短期大学部非常勤講師
千葉　貴浩	宮城県教育委員会主任主査
辻井　啓之	奈良教育大学教授
寺田己保子	埼玉学園大学准教授
照沼　康孝	元文部科学省初等中等教育局教科書調査官
Tom Merner	英数学館小学校副校長
鳥原　正敏	都留文科大学教授
中林由美子	茅ヶ崎市立松林小学校長
西脇　正和	新潟県立新潟工業高等学校教諭
馬場　正昭	京都大学大学院教授
濱田由紀夫	川崎市立向丘小学校長
檜本　由広	兵庫県小野市立小野小学校長
平岩　利文	弁護士
福田　純子	前練馬区立光が丘春の風小学校長
星　博幸	愛知教育大学准教授
松田　佳久	元東京学芸大学教授
丸山　洋司	上野学園大学非常勤講師
水野　雅文	東邦大学教授
三牧　正和	帝京大学主任教授
三宅　茜巳	岐阜女子大学教授
三宅　紀子	東京家政学院大学教授
宮田信太郎	弁護士
室　雅子	椙山女学園大学教授
森　有希	高知大学准教授
森田　都紀	京都造形芸術大学准教授
山田　健一	札幌市立資生館小学校教頭
山屋　春恵	常葉大学准教授
渡辺　祐司	横浜市立横浜サイエンスフロンティア高等学校教諭

資料

教科書調査官一覧

2018（平成30）年4月1日時点。表中2列目までの情報は、文部科学省HP。4列目の細かな情報は、『文部科学省幹部職員名鑑』（文教ニュース社）や、編集部調べによるもの。

教科		氏名	生年、出身大学、前職など、▶は調査官になった年・月
国語	主任教科書調査官	加藤　幸一	昭和33年生、筑波大学大学院修了、奥羽大学助教授、▷平成21年4月
		小原　俊	昭和36年生、早稲田大学大学院修了、私立大学非常勤講師、▷平成16年4月
	教科書調査官	今田　水穂	昭和56年生、筑波大学大学院修了、国立国語研究所共同研究員、▷平成26年4月
		林　教子	昭和42年生、早稲田大学大学院修了、公立高校教諭、▷平成21年4月
		舟見　一哉	昭和56年生、京都大学大学院修了、東京大学史料編纂所共同研究員、▷平成25年4月
地理歴史	主任教科書調査官	中前　吾郎 （世界史）	昭和37年生、筑波大学大学院修了、筑波大学研究協力部準研究員、民間、▷平成24年4月
		鈴木　楠緒子 （世界史）	昭和47年生、名古屋大学大学院博士後期課程修了、神奈川大学非常勤講師、▷平成27年4月
	教科書調査官	橋本　資久 （世界史）	昭和43年生、東京大学大学院修了、川村学園女子大学非常勤講師、▷平成23年4月
		小宮　一夫 （日本史）	
		鈴木　正信 （日本史）	昭和52年生、早稲田大学大学院博士後期課程単位取得退学、早稲田大学准教授、▷平成27年4月
		藤本　頼人 （日本史）	
	主任教科書調査官	高橋　洋子 （地理）	昭和36年生、お茶の水女子大学大学院修了、西武文理大学講師、▷平成14年4月
	教科書調査官	小堀　昇 （地理）	▷平成28 or 29年
		三橋　浩志 （地理）	昭和40年生、筑波大学大学院修了、株式会社日本総合研究所、▷平成22年4月
公民	主任教科書調査官	矢吹　久 （政治・経済）	昭和33年生、慶應義塾大学大学院修了、放送大学学園非常勤講師、▷平成11年4月
	教科書調査官	木元　麻里 （倫理・生活）	（昭和47 or 48年生？）、東洋学園大学非常勤講師、▷平成25年4月
		森上　優子 （倫理・生活）	昭和41年生、お茶の水女子大学大学院修了、民間、南山大学外国学部非常勤講師、帝京大学医療技術部非常勤講師、▷平成23年4月
		青山　孝 （政治・経済）	昭和29年生、慶應義塾大学大学院修了、東京歯科大学非常勤講師、▷昭和61年4月
		遠藤　貴子 （政治・経済）	昭和41年生、成城大学大学院修了、高知大学講師、▷平成7年7月
		三島　憲之 （政治・経済）	昭和49年生、慶應義塾大学大学院博士課程単位取得退学、東北公益文科大学講師、▷平成26年4月
生活地理歴史	教科書調査官	村瀬　信一 （生活・日本史）	昭和29年生、東京大学大学院修了、帝京平成大学助教授、▷平成12年4月
数学	主任教科書調査官	大田　浩	昭和36年生、学習院大学大学院修了、私立大学非常勤講師、▷平成16年4月
		鈴木　康志	昭和31年生、筑波大学大学院修了、筑波大学附属中学校教諭、▷平成8年4月
	教科書調査官	森田　良幸	昭和43年生、大阪大学大学院修了、広島大学助教、▷平成21年4月
理科	主任教科書調査官	淺香　修治 （物理）	昭和31年生、京都大学大学院修了、岡崎研究機構助手、▷平成12年5月

78　　　　　　　　　　　　　　　　　　　　　　　　　　教科書レポート 2018 — No.61 —

資料　教科書調査官一覧

教科		氏名	生年、出身大学、前職など、▶は調査官になった年・月
	教科書調査官	白井　正伸 （物理）	昭和44年生、京都大学大学院修了、京都大学物質－細胞統合システム拠点特定拠点助教、▷平成24年4月
		木部　剛 （生物）	昭和42年生、総合研究大学院大学修了、静岡大学理学部助手、 ▷平成17年4月
		高橋　直 （生物）	昭和28年生、名古屋大学大学院修了、JT生命誌研究館主任研究員、 ▷平成12年4月
		細田　尚也 （化学）	昭和49年生、横浜国立大学大学院特別研究教員、 ▷平成25年4月
		禅　知明 （化学）	昭和40年生、横浜国立大学大学院修了、横浜国立大学大学院工学研究院特別研究教員、 ▷平成23年4月
	主任教科書調査官	川上　新吾 （地学）	昭和36年生、京都大学大学院修了、大阪市教育委員会主任学芸員、 ▷平成16年5月
	教科書調査官	川辺　文久 （地学）	昭和45年生、早稲田大学院大学修了、杉並区立科学館指導員、 ▷平成22年4月
芸術	主任教科書調査官	中野　遵 （書道）	昭和32年生、早稲田大学大学院修了、國學院大学非常勤講師、 ▷平成6年4月
	教科書調査官	舘山　拓人 （美術）	昭和51年生、東京芸術大学大学院修了、都留文科大学特任准教授、 ▷平成27年
		飯田　勉 （音楽）	群馬県立太田東高校教頭、 ▷平成27年
外国語	主任教科書調査官	間　晃郎	昭和30年生、早稲田大学大学院修了、木更津高専助教授、 ▷平成9年4月
	教科書調査官	小早川真由美	筑波大学大学院修了、静岡大学教育センター特任助教、 ▷平成26年
		牧　寛子	鳴門教育大学教職大学院、愛知大学非常勤講師、私立素和美小学校副校長（山梨県）、 ▷平成29年
		池田　勝久	大分県教育センター指導主事、 ▷平成26年
保健体育	教科書調査官	奥田　浩嗣 （保健）	昭和39年生、奈良県立医科大学大学院修了、厚生省健康局生活習慣病対策室補佐、 ▷平成17年4月
		渡邊　哲司 （体育）	昭和40年生、東京大学大学院修了、私立高校非常勤講師、九州大学准教授、 ▷平成23年4月
情報	主任教科書調査官	竹田　尚彦	昭和34年生、愛知教育大学教授、 ▷平成25年4月
	教科書調査官	尾上　能之	昭和44年生、東京大学情報基盤センター講師、 ▷平成20年4月
工業	主任教科書調査官	須藤　拓	昭和32年生、東京工業大学大学院修了、民間、 ▷平成15年4月
	教科書調査官	清水　敏明	昭和43年生、東京農工大学卒、敬愛学園高校教諭、千葉県立清水高校教諭、千葉県立千葉工業高校教諭、▷平成23年4月
家庭	主任教科書調査官	脇田　美佳	昭和33年生、お茶の水女子大学大学院修了、放送大学非常勤講師、 ▷平成18年4月
	教科書調査官	片田江　綾子	昭和48年生、香川大学准教授 ▷平成25年4月
農業	教科書調査官	大西　政夫	昭和37年生、島根大学准教授、 ▷平成25年4月
商業	教科書調査官	川畑　由彦	昭和46年生、専修大学大学院修了、公立高校教諭、 ▷平成21年4月
	教科書調査官	並木　邦弘	▷平成28年
福祉	教科書調査官	岡村　英雄	
道徳	教科書調査官	齋藤　賢二	羽村市教育委員会指導室指導主事、 ▷平成27年
		馬場　勝	兵庫県立教育研修所、 ▷平成27年
		大川　直樹	

教科書レポート 2018 ─No.61─

| 資　料 | 主要教科書会社一覧／主要教材・学習参考書会社一覧 |

●教科書の内容への批判や意見は、次の団体または会社に伝えましょう。

■主要出版関係団体■

日本書籍出版協会	東京都新宿区袋町 6	03-3268-1301
日本雑誌協会	東京都千代田区神田駿河台 1-7	03-3291-0775
教科書協会	東京都江東区千石 1-9-28	03-5606-9781
教科書研究センター	東京都江東区千石 1-9-28	03-5606-4311

■主要教科書会社一覧■

会　社　名	住　　　所	電話番号	労働組合	上部団体
東京書籍（株）	東京都北区堀船 2 - 17 - 1	03-5390-7200	東京書籍出版労働組合	全印総連
大日本図書（株）	東京都文京区大塚 3 - 11 - 6	03-5940-8670	大日本図書労働組合	出版労連
教育図書（株）	東京都千代田区神田小川町 3 - 3 - 2 マツシタビル 4F	03-3233-9100		
実教出版（株）	東京都千代田区五番町 5	03-3238-7700	実教出版労働組合	出版労連
開隆堂出版（株）	東京都文京区向丘 1 - 13 - 1	03-5684-6111	開隆堂・開隆館労働組合	出版労連
学校図書（株）	東京都北区東十条 3 - 10 - 36	03-5843-9430	学校図書労働組合	出版労連
（株）三省堂	東京都千代田区三崎町 2 - 22 - 14	03-3230-9511	三省堂労働組合	出版労連
教育出版（株）	東京都千代田区神田神保町 2 - 10	03-3238-6811	教育出版労働組合	出版労連
（社）信州教育出版社	長野市旭町 1098	0262-32-0291	信州教育出版社労働組合	－
（株）教育芸術社	東京都豊島区長崎 1 - 12 - 15	03-3957-1175		
（株）清水書院	東京都千代田区飯田橋 3 - 11 - 6 清水書院サービス第 2 ビル	03-5213-7151	清水書院労働組合	出版労連
光村図書出版（株）	東京都品川区上大崎 2 - 19 - 9	03-3493-2111	光村図書出版労働組合	出版労連
（株）帝国書院	東京都千代田区神田神保町 3 - 29	03-3262-0834	出版情報関連ユニオン	出版労連
（株）大修館書店	東京都文京区湯島 2 - 1 - 1	03-3868-2211	大修館書店労働組合	出版労連
（株）新興出版社啓林館	大阪市天王寺区大道 4 - 3 - 25	06-6779-1531	新興出版社啓林館労働組合	出版労連・全印総連
（株）山川出版社	東京都千代田区内神田 1 - 13 - 13	03-3293-8131	山川出版社労働組合	出版労連
（株）音楽之友社	東京都新宿区神楽坂 6 - 30	03-3235-2111	音楽之友社労働組合	－
数研出版（株）	東京都千代田区神田小川町 2 - 3 - 3	03-5283-6001		
（株）文英堂	京都市南区上鳥羽大物町 28	075-671-3161	出版情報関連ユニオン	出版労連
日本文教出版（株）	大阪市住吉区南住吉 4 - 7 - 5	06-6692-1261		
（株）明治書院	東京都新宿区大久保 1 - 1 - 7	03-5292-0117	明治書院労働組合	出版労連
（株）二宮書店	東京都目黒区中目黒 5 - 26 - 10	03-3711-8636		
（株）筑摩書房	東京都台東区蔵前 2 - 5 - 3	03-5687-2680	筑摩書房労働組合	出版労連
（株）オーム社	東京都千代田区神田錦町 3 - 1	03-3233-0641		
（株）旺文社	東京都新宿区横寺町 55	03-3266-6400	旺文社グループ労働組合	－
（株）増進堂	大阪市西区新町 2 - 19 - 15	06-6532-1581	増進堂受験研究社労働組合	出版労連
（社）農山漁村文化協会	東京都港区赤坂 7 - 6 - 1	03-3585-1141		
（学法）東京電機大学	東京都千代田区内神田 1 - 14 - 8	03-5280-3433		
（株）第一学習社	広島市西区横川新町 7 - 14	082-234-6801	第一学習社全労組合	
東京法令出版（株）	長野市南千歳町 1005	026-224-5441	東京法令出版労働組合	
三友社出版（株）	東京都文京区音羽 1 - 9 - 1 日本屋ビル	03-3946-0285		
（株）文教社	香川県高松市本町 6 - 22	087-851-2330		
（株）光文書院	東京都千代田区五番町 14	03-3262-3271	光文書院労働組合	出版労連
（株）桐原書店	東京都新宿区西新宿 4 - 15 - 3 住友不動産西新宿ビル 3 号館	03-5302-7020	桐原ユニオン	出版労連
（株）京都書房	京都市伏見区深草フチ町 5	075-647-0121	出版情報関連ユニオン	出版労連
中央法規出版（株）	東京都台東区台東 3 - 29 - 1 中央法規出版ビル	03-3834-5810	中央法規出版労働組合	出版労連
（株）フォーイン	名古屋市千種区桜が丘 292 フォーインビル 1F	052-789-1255		
（株）学研教育みらい	東京都品川区西五反田 2 - 11 - 8	03-6431-1151	全学習研究社従業員組合	－
（株）自由社	東京都文京区水道 2 - 6 - 3 日本出版協会ビル 202	03-5976-6201		
（株）育鵬社	東京都港区海岸 1 - 15 - 1 スズエベイディアム 4F	03-3432-8681		
（株）明成社	東京都世田谷区池尻 3 - 21 - 29 - 302	03-3412-2871		
（株）学び舎	東京都立川市錦町 3 - 1 - 3 - 605	042-512-5960		
（株）いいずな書店	東京都台東区台東 1-32-8　清鷹ビル 4F	03-5826-4730		